Auschwitz ist auch eine Stadt

Josef Jakubowicz

**Durch acht Lager in die Freiheit -
ein Überlebender des Holocaust erzählt**

ISBN 3-9809950-0-3

1. Auflage 2005

Fotos / Abbildungen: Josef Jakubowicz
Lektorat und Co-Autor: Hans von Draminski
Umschlag und Satz: Grafisches Büro Krug & Henning, Happurg
Druck: Druckerei Sonnenschein, Hersbruck

Über den Autor

Josef Jakubowicz wurde 1925 in Auschwitz geboren. Heute lebt er mit seiner Familie in Deutschland.

Der Autor hat in der Vergangenheit wissenschaftliche Beiträge für die renommierten „Dachauer Hefte" über die Zeit der Judenverfolgung in Deutschland und Europa verfasst. „Auschwitz ist auch eine Stadt" ist Josef Jakubowicz' erstes autobiografisches Buch.

Angesichts der historischen Dimension dieses ungeschönten Überlebensberichtes hat der weltweit bekannte Historiker und Publizist Dr. Ralph Giordano, selbst Holocaust-Opfer, für das Buch ein persönliches Grußwort beigesteuert.

Josef Jakubowicz erzählt von den Gräueln und der Verfolgung in unprätentiöser, schlichter Sprache und verzichtet auf Schuldzuweisungen und Schwarz-Weiß-Malerei. Dies macht „Auschwitz ist auch eine Stadt" für die Verwendung als Schullektüre und in Bibliotheken attraktiv.

Auch 60 Jahre nach dem Ende des Zweiten Weltkrieges muss die Erinnerung wach gehalten werden – durch aufrüttelnde Bücher wie dieses.

Danksagung

An dieser Stelle danke ich meiner Lebensgefährtin Rose Wanninger, dass sie mir beim langwierigen, mit viel Aufwand verbundenen Entstehungsprozess dieses Buches zur Seite gestanden und mir geholfen hat. Ohne Rose und ihre Familie wäre das Buch wohl nie geschrieben worden.

Auch meinen beiden Kindern Dr. Jahuda Israel Jakubowicz und Dr. Ernestine Jakubowicz-Izbicky möchte ich danken: Jehuda wurde am 15. Mai 1948, dem Tag der Ausrufung des heutigen Staates Israel, geboren. Seine Schwester kam genau zehn Jahre später auf die Welt. Beide sind für mich der lebende Beweis, dass man die Zukunft nicht aufhalten kann und dass aus den Trümmern Neues wächst.

Josef Jakubowicz

Inhalt

Vorwort von Dr. phil. h. c. Ralph Giordano

Man will nach der letzten Seite des Buches „Auschwitz ist auch eine Stadt" seinen Untertitel - *„Durch acht Lager in die Freiheit - ein Überlebender des Holocaust erzählt"* - nicht glauben: Wie kann ein Mensch diese sechsjährige Apokalypse 1939 - 1945, diese Hölle aller Höllen auf Erden, überlebt haben, dazu ein ganz junger, ein Kind fast noch - wie nur?

Aber Josef Jakubowicz hat überlebt - und davon berichtet er, fast ein volles Leben danach, als weit über Achtzigjähriger. Er hat sich dran gemacht, endlich und nach mannigfacher Überwindung wohl, alles noch einmal hochkochen zu lassen. Und siehe da, sein Gedächtnis erweist sich als ein Phänomen, als eine unerschöpfliche Fundgrube von Erinnerungen, gegen die sich die Schrecken von Dantes *„Inferno"* als harmlose Fiktionen abheben.

Auschwitz, und was der Name symbolisiert und materialisiert, war kein Ort im Jenseits, es war der fürchterlichste Teil des Diesseits.

Aber er war das nicht immer - und das ist vielleicht das gespenstischste an diesem späten Bericht. Denn „Auschwitz ist auch eine Stadt"...

Am Anfang der Lektüre lernen wir, als wollte das Buch dabei verweilen, ein Auschwitz kennen, das keiner kennt: das Auschwitz vor *„Auschwitz"*, also bevor dieses Wort zu einem Inbegriff allen Schreckens wurde, der Menschen angetan werden kann.

Ein Gemeinwesen von 13000 Bewohnern, von denen 9000 Juden waren, eine differenzierte Gesellschaft von Bürgern und Kleinbürgern, in der deutsch, jiddisch und polnisch gesprochen wurde. Und obwohl es sehr wohl Trennungslinien gab zwischen Juden und Nichtjuden - die Animositäten hielten sich in Grenzen. Jakubowicz schreibt:

> *„Auschwitz war bis zum deutschen Einmarsch eine lebhafte Stadt. Das Leben war bunt, betriebsam und fröhlich. Viele Wissenschaftler und Intellektuelle, viele große Gelehrte der orthodoxen Juden wohnten hier. Auschwitz war für seine reiche jüdische Kultur bekannt..."*

Was Fotos bestätigen, optische Dokumente, die den heutigen Betrachter, der in Kenntnis der Zukunft ist, nur wehmütig stimmen können.

Denn dann kam der Tod, am 1. September 1939, ein *Meister aus Deutschland*, so örtlich wie weltbewegend. Er hinterließ nichts von dem, was vorher war und wie es war.

Bis just zu diesem *Danach* schildert Josef Jakubowicz, wie er überlebte. Meine Feder sträubt sich, die Leserschaft schon hier vorn mit Einzelheiten in die unglaubliche Odyssee einzuweihen. Sie soll sich den Eindruck selbst verschaffen.

Nur so viel: der Autor, das Beinahe-Kind von damals, überlebte nur dadurch, daß er in den Besitz von Wertsachen gelangte, die den potentiellen Gaskammeropfern grundsätzlich abgenommen worden waren, Wertsachen also, die er den SS-Räubern entwenden konnte. Dieses *„Gold"*, wie er es nennt, wird ihm und manchen seiner Leidensgefährten zu einer Währung zwischen Leben und Tod. An der Eindringlichkeit des Details, an den geradezu momentaufnahmehaft scharfen Erinnerungsbildern bis hinein in die letzten Kapillaren der damaligen Situation, erweist sich, was da vorging: Ein schlafloser, ununterbrochener Kampf, den nächsten Tag zu erreichen, während ringsum Leichen, Leichen, Leichen sind. Wer wagte es da, den Richter zu mimen und den *„Dieb"* anzuklagen, daß das von deutschen Tätern den Opfern abgenommene Eigentum zur Voraussetzung für den Erhalt seines eigenen Lebens wurde?

„Lebens"?

Nein, liebe Leserinnen und Leser, die Sie das Glück haben, Bürgerinnen und Bürger einer Demokratie zu sein - *Leben* war das nicht. Auch Zeitgenossen wie ich, selbst Auge in Auge mit dem Holocaust, können dieser Lektüre von Seite zu Seite nur stockenden Atems folgen. Zwar mit der Gewißheit, daß der Autor das *Dritte Reich*, Hitler, Himmler und Heydrich überdauert hat, aber dennoch immer in Erwartung eines „finalen" Ereignisses...

Das Buch ist ohne literarischen Anspruch geschrieben worden, sein Verfasser ist kein Schriftsteller, und solcher Ehrgeiz war auch nie in ihm. Das kommt dem späten Werk eher zustatten. Hier gibt es keine Poetisierung des Entsetzlichen, keine ästhetisierenden Wendungen inmitten von Blut, Tränen und Tod in den eigenen Exkrementen.

Schließlich angelangt bei den Schilderungen der letzten Station - Bergen-Belsen - ist das Bedürfnis des „Lektors" da, Josef Jakubowicz anzurufen, sich zu vergewissern, daß der Autor von *„Auschwitz ist auch eine Stadt"* tatsächlich existiert, daß er lebt und atmet und kein Phantom ist.

Und das habe ich, nachdem ich die letzte Seite umgeschlagen hatte, dann auch getan.

Danach war mir wohler. Aber doch auch wieder nur so wohl, wie einem nach solcher Lektüre eben sein kann.

Was bleibt, ist der Dank an Josef Jakubowicz für die Energie und den Mut, sich noch einmal in die Apokalypse der eigenen Biographie versenkt zu haben, um der Nachwelt mitzuteilen:

„So war es. Sorgt dafür, daß es nie wiederkehrt."

Hoffen wir, nein, sorgen wir mit dafür, daß die Botschaft ankommt.

Anmerkung: Dr. Ralph Giordano schrieb sein Vorwort in der alten deutschen Rechtschreibung, wie sie bis zur Reform 1998 üblich war. Der Historiker und Publizist legt großen Wert auf die Beibehaltung dieser Rechtschreibung, weshalb sein Text im Original übernommen wurde.

Zum Geleit

Die Literatur über das nationalsozialistische Vernichtungslager Auschwitz-Birkenau und die anderen Konzentrationslager der braunen Diktatur füllt 60 Jahre nach dem Ende des Zweiten Weltkrieges mehrere Regalwände. Warum also noch ein Buch zu diesem Thema? Die Antwort auf diese Frage gibt Josef Jakubowicz bereits im Titel: Weil Auschwitz auch eine Stadt war und ist, weil hier vor der Naziherrschaft jüdische und christliche Menschen lebten, Seite an Seite, in relativem Frieden und gegenseitigem Verständnis.

Verdienst dieser detailgetreu und in unprätentiöser Sprache niedergeschriebenen Erinnerungen ist es, einer Generation, die das Geschehene nicht mehr aus eigener Anschauung kennen kann, das wohl dunkelste Kapitel deutscher Geschichte nahe zu bringen. War das per Annexion nach dem Ersten Weltkrieg an Polen gefallene Auschwitz eben kein weiteres galizisches „Shtetl" in beruhigender Entfernung, sondern eine ganz normale Kleinstadt mit ganz normalen Bürgern überwiegend österreichischer und deutscher Nationalität. Ein Mikrokosmos, den Josef Jakubowicz in aller seiner Alltäglichkeit beschreibt. Und in den sich das Grauen und die Gräuel, der Terror und der Tod auf leisen Sohlen schleichen, bis sie zum Alltag geworden sind.

Auch wenn er die Lager von Annaberg bis Bergen-Belsen und ihre Schrecken schildert, wird Josef Jakubowicz nie pauschal, bei ihm haben Mitgefangene und Schergen, Lebende und Tote Namen und Gesichter. Auch zeichnet Jakubowicz die Zeit der Verfolgung nicht in holzschnittartigem Schwarzweiß, unterteilt nicht wie viele andere in „Gut" und „Böse", nennt die Dinge aber deutlich beim Namen – Antisemitismus und Mitläufertum, Opportunismus und Verrat. Aber auch Mitgefühl und Menschlichkeit, die sich sogar bei SA-Offizieren fanden.

So ist die Überlebens-Geschichte des Josef Jakubowicz nicht nur eine mehr denn je notwendige Mahnung gegen die Verdrängung und das Vergessen, sondern zugleich Symbol für die ebenso notwendige Aussöhnung zwischen Juden und Christen – auf dass der Weg in eine gemeinsame Zukunft bereitet werden möge.

Hans von Draminski, im Januar 2005

Zur Entstehung dieses Buches

Jahrelang konnte ich mich nicht dazu entschließen, meine Überlebensgeschichte zu dokumentieren. Niemals wurde über diese Vergangenheit in meiner Familie oder in der unmittelbaren Umgebung gesprochen, trotz unzähliger Träume in ungezählten Nächten – Träume, die mich bis heute verfolgen.

Als mein Sohn im Alter von fünf Jahren von einer Weihnachtsfeier seines Kindergartens nach Hause kam und mich fragte, warum alle anderen Kinder Omas, Opas, Tanten und Onkel hätten und er nicht, kam ich in große Verlegenheit und blieb ihm im Moment die Antwort schuldig. Erst nach kurzer Überlegung sagte ich ihm, später, wenn er etwas älter geworden sei, würde ich ihm davon erzählen. Als er lesen und schreiben konnte, erfuhr er über die Medien von der Zeit des Holocausts, las Bücher zum Thema und hat mich niemals mehr danach gefragt.

Rechtsanwalt Weiß, mein inzwischen verstorbener Nachbar, kam jeden Morgen pünktlich um sieben Uhr die Treppe herunter und wir machten jahrelang unseren obligatorischen Morgenspaziergang durch den Stadtpark. Dabei führten wir viele Gespräche über seine und meine Kriegserlebnisse. Ihm wurde im Alter von 17 Jahren aufgrund seines freiwilligen Eintritts in die Wehrmacht das Abitur erlassen. Beim Polenfeldzug und beim Kriegseinsatz in Frankreich wurde er Augenzeuge jener Grausamkeiten, die man den Juden angetan hat. Weiß kannte viele Episoden meiner Verfolgungszeit und war stets der Meinung, ich solle meine Überlebensgeschichte unbedingt dem Vergessen entreißen und zu Papier bringen.

1991 starb meine Ehefrau Jenti, die den gleichen Leidensweg überlebt hatte.

Schließlich lernte ich meine jetzige Lebensgefährtin kennen. Während unserer mehr als zehnjährigen Lebensgemeinschaft war bei allen unseren Spaziergängen meine Überlebensgeschichte das Begleitthema. Aus diesen Gesprächen entstand der Entschluss, sie endlich doch aufzuschreiben.

Sybille Steinbacher vom Lehrstuhl für neue Zeitgeschichte der Münchner Ludwig-Maximilians-Universität meldete sich in dieser Zeit bei mir. Im Rahmen ihrer Promotion zeichnete sie Teile meiner Lebensgeschichte auf, ein Auszug davon erschien in Band 17 der „Dachauer Hefte" unter dem Titel „Öffentlichkeit und KZ – was wusste die Bevölkerung?"

Aufgrund dieses Artikels nahm die Soziologiestudentin Mair mit mir Kontakt auf, die für ihr Staatsexamen an der Soziologischen Fakultät der Friedrich-Alexander-Universität Erlangen-Nürnberg eine soziobiografische Analyse der Stadt Auschwitz und einen Stammbaum meiner Familie (siehe Anhang) erarbeitete.

Beide Studentinnen reisten auf meine Empfehlung hin nach Auschwitz und trafen dort – unabhängig voneinander – den letzten damals noch dort lebenden Juden Schimon Klieger.

Über viele der von mir und anderen durchlittenen Brutalitäten und Leiden wollte und konnte ich nicht im Detail berichten, einfach, weil es mir zu beschwerlich ist, emotional noch tiefer in diese Vergangenheit „einzusteigen". Dennoch ist es mir ein ernsthaftes Anliegen, den bereits vorhandenen Biografien aus der Zeit des Holocaust meine eigene hinzuzufügen. Auch 60 Jahre nach dem Morden und dem tausendfachen Sterben muss dem Verlangen, einen Schlussstrich zu ziehen, muss den Leugnern des Holocaust, den wieder erstarkenden Neonazis, den Tendenzen von Antisemitismus und Rassismus in aller Entschiedenheit entgegen getreten werden.

Josef Jakubowicz, im Frühjahr 2005

Jiskor (Gedenken)

Ich gedenke meines lieben Vaters, meiner Mutter, meiner Geschwister, ihrer Gatten und Kinder. Ich gedenke meines lieben Großvaters, meiner Onkel und Tanten, meiner Cousins und ihrer Kinder und auch aller anderen, die durch die Naziherrschaft und die Kollaborateure sowie durch die baltische, ungarische, bessarabische und ukrainische SS in Auschwitz, Majdanek, Bergen-Belsen und allen anderen Konzentrationslagern Europas ermordet, erstickt, gefoltert und verbrannt wurden.

Gib ihnen einen hellen, lichten Himmelssitz, dass ihre Seelen eingehen zur ewigen Ruhe, zur ewigen Freude, zur ewigen Seligkeit und dass sie der Segnungen teilhaftig werden, die Du, o Gott, den Frommen und Gerechten hast verheißen als ihren Gotteslohn für alles irdische Leid, das sie erlitten.

Auschwitz ist auch eine Stadt
Kindheit in einer kleinen Metropole

Ich wurde am 10. Oktober 1925 in Auschwitz geboren. Ich kenne dort jede Ecke. Und ich kann mich an vieles erinnern. Das Haus meiner Familie lag etwa 500 Meter vom späteren Stammlager Auschwitz I und etwa einen Kilometer von dem Gebiet entfernt, in dem das Lager Birkenau entstehen sollte. Ich war das jüngste von fünf Kindern, hatte drei Schwestern und einen Bruder. Meine Eltern und Großeltern kamen aus Friedenshütte in Oberschlesien, das zwischen Königshütte und Kattowitz liegt. In dieser Gegend befanden sich Kohlegruben, Eisenhütten, Stahlwerke und die übrige Schwerindustrie des oberschlesischen „Reviers".

Meine Erinnerungen reichen bis ins Alter von vier Jahren zurück. Damals wurde ich zum ersten Mal in die jüdische Religionsschule gebracht. Ich entsinne mich noch genau dieses Tages, an meinen Schulweg und an meine Kleidung: ein Marineanzug mit Mütze. In der Schule wurde ich von einem Pädagogen empfangen, den man *Klein-Rebbele* nannte, was so viel wie „Kleiner Lehrer" heißt. Er war auch wirklich sehr klein, etwa einen Meter fünfzig groß. Man kannte ihn in der ganzen Stadt, weil alle Vierjährigen in seinen Unterricht geschickt wurden.

Meine Anfangsklasse war nach heutigen Verhältnissen riesig, sie zählte ungefähr 150 Schüler. Natürlich hatte *Klein-Rebbele* Betreuer, die ihm halfen, diese vielen Kinder zu unterrichten. Das Erste, das wir lernten, waren das Morgen-, das Abend- und das Nachtgebet. Auf diese Weise konnten wir schon nach einem Jahr Hebräisch lesen. Unsere Einschulung wurde mit einem Fest gefeiert, bei dem es zur Freude der Kinder allerlei Kuchen gab. Wenig später begannen wir auch schon, das erste der fünf Bücher Moses zu lernen.

Als Sechsjähriger besuchte ich die Volksschule in Birkenau, die direkt auf jenem Gelände lag, auf dem später die Baracken des Konzentrationslagers gebaut wurden.

Birkenau war ein Dorf mit ungefähr 1500 Einwohnern, alles Bauern. Der Ort bestand praktisch nur aus Bauernhöfen und dem Schulhaus. Auf dem Weg zur Schule gab es einen Milchladen, der auch Frühstück verkaufte. Weil meine Eltern die ganze Woche über in Kattowitz im Geschäft arbeiteten, hatte meine Mutter der Milchfrau Scheinowiz den Auftrag erteilt, mir ein

Frühstücksbrot auf den Schulweg mitzugeben. Die Milchfrau wartete denn auch jeden Morgen, um mir mein eingepacktes Essen in die Hand drücken zu können.

Alle Kinder aus unserer Gegend besuchten diese Schule, weil Auschwitz II diesem Schulbezirk angehörte. Nach dem pro-polnischen Erlass von 1921 gab es in Auschwitz noch bis 1927 deutsche Schulen. Danach wurde der Unterricht nur noch in Polnisch gehalten. Meine Geschwister besuchten alle noch die deutschen Schulen.

Für jüdische Kinder war es üblich, dass sie neben der regulären auch in die jüdische Schule gingen. Vormittags hatten wir normalen Unterricht, nachmittags von drei bis sieben Uhr wurden wir in Religion und hebräischer Sprache unterwiesen.

Daheim sprachen wir hauptsächlich deutsch und teilweise jiddisch. Richtig gelernt habe ich das Jiddische allerdings erst nach der Aussiedlung aus Auschwitz, als ich in die Zwangsarbeiterlager kam. In Auschwitz gab es auch ein hebräisches Gymnasium, eine Privatschule, die vier Klassen umfasste und die man bis zur Lyzeumsreife besuchen konnte.

Die Oberstufe musste man dann in Krakau absolvieren, wo es möglich war, das Abitur zu machen. Auf die Universität durfte man als Jude auch mit Abschluss noch lange nicht, denn dort herrschte besonders übler Antisemitismus. Es fanden regelmäßig Pogrome statt. Deshalb schickten reiche jüdische Eltern ihre Kinder zum Studium lieber ins Ausland, beispielsweise nach Wien, Berlin oder in die Schweiz.

Auf Veranlassung meiner Eltern wechselte ich nach zwei Jahren auf die hebräische Schule, in der auf hebräisch unterrichtet wurde. Die zionistisch engagierte Direktorin Brautmann freute sich über meinen Wechsel von der christlichen zur jüdischen Schule sehr. Es war vor allem die geringe Zahl jüdischer Schüler in Birkenau gewesen, die meine Eltern vom Schulwechsel überzeugt hatte – meine Klassenkameraden waren bis dato fast überwiegend die Kinder christlicher Bauern gewesen.

In der jüdischen Schule gefiel es mir auf Anhieb sehr gut, weil der Unterricht lebendiger, spielerischer, mit mehr Witz und vor allem von erstklassigen Pädagogen abgehalten wurde. Am Nachmittag hatte ich außerdem noch Unterricht in der Religionsschule, wo Talmudgelehrte meine Ausbildung übernahmen. Hier entdeckte mein Religionslehrer Jehoshua Willford mein musikalisches Talent als Sänger und sorgte dafür, dass ich in den Chor der

Hauptsynagoge aufgenommen wurde, den der Kantor Helfmann leitete. Dieser Chorleiter war nicht nur für seine außergewöhnliche Stimme bekannt, er komponierte auch selbst so manches Stück. Unter den 24 Chormitgliedern hatten wir zwei hauptberufliche Sänger der Mailänder Scala, die nur an hohen Feiertagen anreisten, um den Chor zu unterstützen: der Klangbariton Arnold Timberg und der lyrische Tenor Aron Miller.

Ich selbst verfügte über eine starke Altstimme, so dass der Kantor mich zum Solisten ausbildete. Zu den Aufgaben des Chores gehörte es, bei besonderen Anlässen aufzutreten, etwa an *Chanukka*, bei Hochzeiten, wenn hohe Regierungsvertreter zu Besuch kamen und sogar bei der Vereidigung jüdischer Soldaten. Zur Vereidigung wurde auch immer ein Gottesdienst zelebriert, den Offiziere und hohe Militärs besuchten – die lieber den Chor hören wollten, als in die Kirche zu gehen.

Die Hauptsynagoge von Auschwitz war ein prachtvolles Gebäude mit überreicher Ausstattung. Sie hatte einen runden Innenraum. Vom Parterre ging man acht Stufen hinunter in den Betbereich der Männer. Die Frauen betraten über einen separaten Eingang die Galerie. Im himmelblauen, mit goldenen Davidssternen dekorierten Deckengewölbe hingen riesige Lüster. Die Wände waren kunstvoll mit den Symbolen der zwölf Stämme und des Horoskops bemalt.

An der Ostwand war der Thoraschrein eingebaut, zu dem fünf Stufen empor führten. Den Schrein flankierten zwei große Marmorsäulen, die von überlebensgroßen Löwen gehalten wurden. In der Mitte der Synagoge befand sich, etwas erhöht, das Vorlesepult, von einem handgeschmiedeten Geländer eingefasst, das mit blattgoldbelegten Früchten und Blättern verziert war. In den Gängen hatte man den Fußboden mit handgewebten Läufern ausgelegt.

Der Platz an der Ostwand war für die stets in Frack und Zylinder gekleideten Vorstände der Synagoge und der Gemeinde reserviert. Hier stand auch ein pompöser Ehrenstuhl für Kaiser Franz Josef, der bei Besuchen der Stadt auch in die Synagoge kam. Eine hebräische Inschrift wies darauf hin, dass dieser Stuhl ausschließlich für den Kaiser bestimmt war.

Der Vorraum der Synagoge diente wochentags zum Gebet und zum Talmudstudium. Im Hof wurde bei Hochzeiten der Traubaldachin aufgestellt. Hier wurden auch die Soldaten vereidigt. Ich kann mich noch gut an den Besuch eines hohen Talmudgelehrten in unserer Stadt erinnern. Er galt als großer

Gaon (Genie) und hatte unter den orthodoxen Juden viele Anhänger. Weil er aus Bobov stammte, wurde er der „Bobover Rebbe" genannt. Als Neunjähriger erlebte ich mit, wie die Menschen zur Begrüßung des Gelehrten vom Bahnhof bis in die Stadt auf einer Strecke von zweieinhalb Kilometern Spalier standen. Der Rebbe legte den Weg in einer Kutsche mit weißen Pferden zurück. An diesem Sommerabend sangen und tanzten die Leute vor Begeisterung, die ganze Stadt war auf den Beinen, auch die christlichen Einwohner feierten mit.

Vom Bahnhof bis in die Stadt begleiteten Fackelträger den Zug des Rebben. Es war ein regelrechter Festabend. Der Gelehrte blieb zwei Tage in Auschwitz, hielt Vorträge und gab Kommentare zum Talmud. Schon Wochen vorher hatte sich sein Besuch herumgesprochen und die Menschen waren denn auch von seiner Gegenwart sehr angetan. Die Erinnerung an diesen unvergesslichen Besuch ist in die Annalen von Auschwitz eingegangen.

Die Stadt bestand aus zwei Teilen, durch den Fluss Sola getrennt. Der Ostteil bildete das Stadtzentrum, Auschwitz I genannt. Dort lebten in der Hauptsache orthodoxe und religiöse Juden. Der über eine Brücke zu erreichende Westteil hieß Auschwitz II und wurde vor allem von liberalen Juden bewohnt. Wir lebten in Auschwitz II, Hausnummer 434. In diesem Stadtteil befand sich auch der Bahnhof. Hinter dem Bahnhof, jenseits der Gleise, lag Birkenau.

Meine Eltern hatten sich 1922 in Auschwitz niedergelassen. Die Polen drängten damals nach dem Plebiszit die jüdische Bevölkerung aus jenen Städten, die nahe der deutschen Grenze lagen, in Richtung Osten. Dies war eine Form des polnischen Antisemitismus: Die Polen vertrauten den Juden nicht. So kamen meine Eltern nach Auschwitz. Sie gründeten in Kattowitz ein Geschäft für Tierdarmhandel und verkauften Tierdärme für die Wurstherstellung an Metzger. Oft fuhren sie am Montagmorgen fort und kamen erst freitags gegen Mittag wieder nach Hause.

Beim Plebiszit 1921 war ganz Schlesien Abstimmungsgebiet, auch die Stadt Auschwitz. Die Polen wandten dabei allerdings einen Trick an: In Schlesien lebten zu dieser Zeit an sich kaum Polen, auch in Auschwitz gab es nur sehr wenige. Deshalb wurden vor dem Plebiszit Tausende von Polen aus Zentralpolen nach Schlesien geholt und in Baracken und Zelten untergebracht. Sie sollten die Deutschen überstimmen und für ein aus polnischer Sicht günstiges Abstimmungsergebnis sorgen. Danach wurden sie wieder nach Hause geschickt. Auf diese Weise konnte Polen dieses eigentlich deutsche Gebiet annektieren. So befand sich Auschwitz von 1921 bis zum Einmarsch der Deutschen 1939 unter polnischer Herrschaft. Vor dem Plebiszit lebten ungefähr 5000 Juden in Auschwitz. 1921 waren es nach C. Wolnerman[1] genau 57851. Danach stieg die Zahl weiter an. 1938 kamen noch die Juden hinzu, die vor der Reichskristallnacht aus Deutschland vertrieben worden waren.

Deutschland hatte damals mehrere tausend polnische Juden über die Grenze abgeschoben. Diese Leute lebten bei Zbaszyn im Niemandsland zwischen Deutschland und Polen. Etwa 800 dieser ausgewiesenen Juden kamen zu uns nach Auschwitz. Sie stammten ursprünglich aus Breslau und Leipzig. Erinnern kann ich mich an die Familien Hirsch und Steinfeld.

Als 1939 der Krieg ausbrach, lebten in Auschwitz rund 13000 Menschen, von denen rund 9000 Juden waren. Die meisten stammten aus Galizien und Schlesien, viele auch aus Kongresspolen. Die Bevölkerung von Auschwitz setzte sich in erster Linie aus deutschen und österreichischen Staatsangehörigen zusammen. Nur wenige Polen waren darunter. In unserer Gegend hatten wir überhaupt wenig mit den Polen zu tun. Wir waren zu 80 Prozent österreichische und zu 20 Prozent deutsche Staatsangehörige.

Die Polen, die bei uns lebten, waren alle nicht ursprünglich dort ansässig. Die meisten waren aus Kongresspolen zugereist und hatten sich dort zur Zeit der russischen Besatzung niedergelassen.

Auf dem Hauptmarkt unserer Stadt stand ein Denkmal des „Heiligen Jan". Er hatte um den Kopf einen Heiligenschein. Um den Heiligen Jan herum standen die Fiaker (Droschkenkutscher), die Fläche beim Denkmal war ihr Hauptstandplatz. Von hier aus brachte man Personen, die mit dem Zug verreisen wollten – hauptsächlich Hausierer und Geschäftsleute – zum zweieinhalb Kilometer entfernten Bahnhof. Ausschließlich jüdische Fiaker waren es, die diese Strecke im Sommer mit Kutschen und im Winter mit Schlitten fuhren. Die Pferde hatten Glöckchen an ihrem Zaumzeug und man konnte sie schon aus einiger Entfernung hören.

Ich kann mich an die Namen sämtlicher Droschkenbesitzer erinnern: Leiser Ringer hatte einen Schimmel, ein schönes geflecktes Pferd; dann gab es Jakob Krieger, Simon Fischer, dessen Sohn später in Holland lebte, David Teitelbaum, Josef Bottner, der Rebbe (sozusagen der „Boss") aller Fiaker, Wolf Bottner, sein Sohn Schimon Bottner, Abraham Wulkan und Schimon

Wulkan, der Sohn von Abraham. Er wurde später mit einem Ziegelstein umgebracht.

Jede Kutsche hatte vier Sitzplätze und einen erhöhten Sitz für den Kutscher und eine weitere Person. Josef Bottner, ein beleibter Mann, hatte die Autorität, Streit zu schlichten oder ein Machtwort zu sprechen. Jeder respektierte ihn. Seine Kunden begrüßte er immer mit Vornamen. Manchen war er behilflich, in die Kutsche ein- und auszusteigen, anderen nicht. Als ich ihn fragte, weshalb er nur bestimmten Personen so freundlich helfe, sagte er: „So groß sein Geld, so groß seine Ehre!"

Die Kutschen verkehrten hauptsächlich morgens und abends zu den Stoßzeiten der Züge.

Manchmal war mir der Weg von zu Hause in die Schule zu weit, um zu Fuß zu gehen. Dann ging ich zum Fiakerstand am Bahnhof und durfte bei einem Fiaker auf dem Kutschbock mitfahren. Oft bekam ich sogar die *Leitsen* (Zügel) in die Hand, um die Pferde zu lenken, was für mich ein besonderes Erlebnis war. Besonders gern bin ich mit David Teitelbaum gefahren, er war immer freundlich und hatte mich gern. Er war einer der Wenigen, die den Holocaust überlebten. Nach dem Krieg traf ich ihn im DP-Lager (DP steht für „Displaced Persons") in Feldafing bei München. Er war auch im KZ Fünfteichen. Später werde ich noch einiges über ihn zu erzählen haben.

Außerdem gab es am Hauptstand ein Taxi, das vor dem Rathaus seinen Platz hatte. Sein Besitzer hieß Anton Babral. Das Taxi war ein Zweitakter der Marke Tatra mit einer Hupe, die mit einem Gummiball zu bedienen war. Wenn das Taxi am Bahnhof losfuhr, hörte man das Motorengeräusch bis in die zweieinhalb Kilometer entfernte Stadt.

Anton Babral trug stets Lederhose, Lederjacke und Ledermütze. Seine Passagiere waren vorwiegend Staatsdiener, Stadtgäste und ähnlich wichtige Personen. Am Sabbat und an jüdischen Feiertagen fuhren keine Fiaker. Nur das Taxi stand dann noch zur Verfügung.

Obwohl die Droschkenbesitzer „liberale" Juden waren, hielten sie sich in der Regel an die jüdischen Gesetze und Gebräuche. Die Kinder der Droschkenbesitzer besuchten alle den jüdischen Religionsunterricht, denn auch als so genannte Liberale legten die Familien großen Wert darauf, dass ihre Kinder die Tradition lernten und mit ihr aufwuchsen.

In dem Dorf Monowitz bei Auschwitz wohnte eine bemerkenswerte Familie, die einzige jüdische Familie im Dorf. Sie hieß Kiddisch und besaß einen größeren Bauernhof, auf dem sie mit ihren drei Söhnen und zwei Töchtern lebte. Der Vater Scholem war ein frommer Jude, hatte aber wenig vom Talmud gelernt. Er legte großen Wert darauf, dass seine Kinder jüdisch erzogen wurden.

Die Hausfrau pflegte eine streng koschere Küche. Der Hausherr trug einen „gewachsenen Bart", und seine *Pejot* (Schläfenlocken) streifte er sich hinter die Ohren. Obwohl er nicht hochgelehrt war, sprach er jeden Tag – bekleidet mit seinem Gebetsschal – die vorgeschriebenen Gebete mit Gebetsriemen.

Seine Kinder sollten sich an ihm ein Vorbild nehmen und sich jüdisch verheiraten. Er hatte einen Gebetsplatz am Fenster gewählt, denn man sollte auch von außen sehen können, dass er die religiösen Vorschriften einhielt.

Für seine fünf Kinder hatte Scholem Kiddisch einen Religionslehrer angestellt, der täglich mit dem Fahrrad ins Haus kam, um Unterricht zu erteilen. Was immer sich gerade im Haus Kiddisch zutrug, wurde durch den Lehrer in der Stadt bekannt gemacht. Weil der Bauernhof der einzige jüdische weit und breit war, hatten die Eltern große Sorge, die Kinder könnten sich dem Judentum entfremden.

Jeden Donnerstag fuhr Scholem Kiddisch mit Pferd und Wagen in die Stadt, verkaufte die Produkte seines Bauernhofes und kaufte koschere Lebensmittel für die ganze Woche ein. Für alle jüdischen Feiertage bestellte er einen Vorbeter zu sich ins Haus. Der Vorbeter hieß Jehoschua Willford und war mein Religionslehrer, der mich in den Chor geschickt hatte. Er konnte sehr schön vorbeten.

Damit eine *Minjan* (Zehnerzahl) zustande kam, wurden noch fünf weitere jüdische Männer gebeten, ins Haus zu kommen. Diese wohnten dann über die Feiertage im Haus, wurden verköstigt und bezahlt. Der Hausherr hatte auch eine Thora angeschafft. Ein Zimmer im Haus wurde über die Feiertage als Gebetsraum genutzt.

Jehoschua Willford wusste viele Geschichten zu erzählen, die sich während der Feiertage und auch sonst im Haus zugetragen hatten. Zum Beispiel betet man zu *Rosh Haschana* vor dem Blasen des *Schofars* den Psalm „Lamnaze'ach" siebenmal. Der Vater sagte dann zu seinem Sohn: „... hier sagst du siebenmal ‚Lamnaze'ach', sonst holt dich der Teufel!"

Diese Geschichte hat sich in der ganzen Stadt herumgesprochen. Scholem Kiddisch scheute auch wirklich keine Mühe, um seine Kinder fromm zu verheiraten. Erst der Einmarsch der deutschen Truppen machte allem ein Ende.

In der Ortschaft Monowitz wurde später eine Fabrik der IG Farben gebaut, die so genannten Buna-Werke, die synthetisches Gummi herstellten. Vom KZ Auschwitz wurden täglich Häftlinge zum Arbeiten in diese Fabrik gebracht.

Arme Leute – Reiche Leute
Von „Schnorrern" und Fabrik-Magnaten

Jedes Jahr von Mai bis September kamen arme Juden, ganze Familien, mit Pferd und Wagen aus den umliegenden Städten angereist. Die Wagen waren mit grünen Zweigen geschmückt. Sie hatten ihren Stammplatz am Ende der Krenauer Straße direkt am Fluss. Dieser Platz wurde deshalb gewählt, weil die Frauen so ihre Wäsche im Fluss waschen konnten. Das Gewässer diente auch zum Baden, genauer gesagt: zur Körperwäsche. Diese armen Menschen kochten auf offenem Feuer im Freien. Man nannte sie „Schnorrer".

Tagsüber gingen sie in kleinen Gruppen von Haus zu Haus und in jüdische Geschäfte, um Almosen zu erbetteln. Sie tanzten und sangen auch in Höfen und Vorplätzen, oft mehrstimmig zusammen mit ihren Kindern. Der Gesang wurde von Geigenspiel begleitet oder von einer Mandoline oder auch von einer Querflöte. Die „Schnorrer" sangen in rührender und herzerbarmender Weise jüdische Volkslieder und Balladen. Dafür warfen ihnen die Leute kleine Geldbeträge aus den Fenstern zu. Sie bekamen auch Kleidungsstücke und Lebensmittel. Für ihre Pferde sammelten sie getrocknetes Brot.

An eine bestimmte Darbietung kann ich mich noch gut erinnern: Der Mann war gekleidet, wie es für orthodoxe Juden typisch war und spielte auf einer Querflöte die Melodie aus dem Film „Dibbuk". Die Frau mit ihren langen Zöpfen war ebenfalls angezogen wie die Darsteller in diesem Film. Sie sangen die Titelmelodie aus dem allseits bekannten Film und erhielten dafür reichlich Beifall und Spenden aus den Fenstern und von den Balkonen. Die Vorstellung rührte alle Zuhörer tief, kannte doch jeder den tragischen Inhalt dieses Films. Wir Kinder sind den beiden Sängern noch lange von Hof zu Hof nachgelaufen.

Am Donnerstag, wenn die meisten Leute auf die Märkte gingen, um für den Sabbat einzukaufen, war das Bettelvolk auch immer auf den Beinen. In den Geschäften erhielt es reichlich Lebensmittel. Alle Bürger hatten offene Hände zum Geben. Nicht mehr benötigte Kleidung und Schuhe brachte man zum Stammplatz der „Schnorrer".

Es war bekannt, dass in unserer Stadt Wohltätigkeit geübt wurde, schließlich sagt ja der Talmud über das höchste Gebot der Nächstenliebe, *Zedaka* (Wohltätigkeit): „Wohltätigkeit rettet vom Tod." Und so kam diese Gruppe „armer Leute" jedes Jahr wieder.

Es ist ein wichtiger Brauch, vor dem Fest *Rosch Haschana* die Gräber der Angehörigen auf dem Friedhof zu besuchen. Deshalb herrschte während des ganzen Monats *Elul* vor dem Neujahrsfest stets reger Besuch auf dem Friedhof. Ganze Familien versammelten sich am Eingang und bettelten mit ausgestreckter Hand um Almosen.

Wenn eine Hochzeit, eine Beschneidung oder das *Bar Mitzwah*[2] gefeiert wurde, waren diese Menschen als Gäste eingeladen. Immer war ein besonderer Tisch aufgestellt, an dem die *Orchim*, die Gäste, bewirtet wurden. Vor den hohen Feiertagen machten sie sich dann auf die Rückreise in ihre Winterbehausungen.

Eine unvergessene Gestalt in jener Zeit war der Flickschneider Samuel Fischer. Er wurde Schmilechl genannt. Ein zierlicher Mann, etwa 1,60 Meter groß, schlank, mit schmalem, stets freundlichem Gesicht. Er galt als liberal religiös, sprach nur deutsch und jiddisch und war besonders kinderlieb. Als Flickschneider hatte er nur ein sehr bescheidenes Einkommen, so dass seiner Familie gerade genug zum Überleben blieb. Schmilechl hatte eine Frau und zwei Söhne.

Auffallend war seine immer korrekte Kleidung, so dass er fast pedantisch wirkte. Seine Hosen hatten exakte Bügelfalten, und er trug immer eine Fliege. Die Schuhe waren hochglanzpoliert und als Kopfbedeckung trug er eine *Kipa* in Schiffchenform.

Die Schmilechls wohnten in einem alten, kleinen Haus in der Rybnastraße am Fuße des Appelbergs. Das kleine Haus musste man gebückt betreten, nur der klein gewachsene Schmilechl konnte aufrecht ein- und ausgehen. Das Wohnviertel hieß Klucenkowiz.

Den Appelsberg nannte man so, weil auf der Höhe des Berges ein großes Mietshaus der Familie Appel stand. Das Appelhaus grenzte an den Kirchenplatz, auf dem ein Wasserbrunnen stand. Weil dieses Wohnviertel keine Versorgung mit Leitungswasser hatte, mussten die Einwohner ihr Wasser mit Eimern am Brunnen holen. Es gab Wasserträger, die dafür bezahlt wurden, Brunnenwasser ins Haus zu tragen, aber Schmilechl holte sein Wasser grundsätzlich selbst. Im Winter war Wasser tragen eine gefährliche Sache, denn es wurde beim Brunnen immer wieder verschüttet und gefror zu spiegelblankem Eis, so dass öfters jemand stürzte. Das Streuen von Asche half leider gar nicht.

Schmilechl war auch beim Wasserholen stets mit einer Fliege bekleidet. Oft stand er vor seinem Haus und passte vorbeikommende Schulkinder ab. Wenn ein Kind abgerissene Knöpfe oder angerissene Kleidung anhatte, nahm er das Kind in sein Haus mit und reparierte den Schaden kostenlos. Schadhafte Kleidung störte den Kleiderpedanten nun mal.

Der Schneider war ein treuer Beter, der in der Synagoge niemals fehlte. Trotz seiner Armut kaufte er sich jedes Jahr seinen Platz in der Synagoge. Vor *Rosch Haschana* war es üblich, sich für das kommende Jahr erneut einen Sitzplatz zu sichern. Die Preise für Sitzplätze waren je nach Abstand zur Ostwand gestaffelt. Schmilechl hatte seinen Platz immer in der vorletzten Reihe. Einmal im Winter stürzte Schmilechl mit dem Wassereimer und brach sich ein Bein und die Rippen. Nun hatte er das Bein eingegipst und konnte nicht zum Beten gehen. Da kamen einige der Kinder, denen er schon Knöpfe angenäht und kleine Reparaturen gemacht hatte und trugen ihn auf einem Stuhl sitzend in die Synagoge.

Nach dem Einmarsch der deutschen Truppen durfte Schmilechl bei der Kommandantur arbeiten, weil er deutsch sprach. Er war für die Verteilung der Lebensmittelkarten zuständig, die als Kennzeichen für Juden ein „J" hatten und mit gekürzten Rationen versehen waren.

Der Grund, warum in Auschwitz eine so große jüdische Gemeinde lebte, ist wohl in der Geschichte zu suchen. Die Stadt befand sich im Mittelalter auf der Strecke eines wichtigen Handelswegs in den Osten. Er führte durch das Länderdreieck von Tschechien, Deutschland und Österreich. Gewürze, Salz, Tuche und Seide wurden hier reichlich verkauft. Zu dieser Zeit diente Auschwitz als wichtiger Knotenpunkt der Händler.

Im Mittelalter mussten die Juden, wie an vielen anderen Orten auch, außerhalb der Stadt wohnen. Erst, nachdem sie viel Geld bezahlt hatten, durften sie sich innerhalb der Stadtmauern von Auschwitz niederlassen.

Auschwitz war bis zum deutschen Einmarsch eine lebhafte Stadt. Das Leben war bunt, betriebsam und fröhlich. Viele Wissenschaftler und Intellektuelle und viele große Gelehrte der orthodoxen Juden wohnten hier. Auch für seine reiche jüdische Kultur war Auschwitz bekannt. Es gab viele Rabbinerschulen, Rabbinerseminare und richtige *Jeschiwot* (Talmudlehrstätten). Im Stadtzentrum lebten zahlreiche orthodoxe Juden und viele weltbekannte Rabbiner und Gelehrte, die auch wissenschaftliche Bücher veröffentlichten. Deshalb gab es auch so viele Synagogen und Bethäuser, insgesamt 28, in Auschwitz, darunter die große Hauptsynagoge.

Unter den Talmudgelehrten befanden sich Genies wie Rosenfeld, Doktor Münz oder Doktor Bleicher. Auschwitz war ein Kernort jüdischer Kultur. Zwar gab es auch andere Städte dieser Größenordnung in der Umgebung, in denen viele Juden lebten, aber keine von ihnen stellte ein so starkes geistiges Zentrum des Judentums dar, wie Auschwitz. Etwa zwei Drittel der Auschwitzer Juden bekannten sich folgerichtig zum orthodoxen Glauben.

Die Einwohner von Auschwitz arbeiteten als Handelsvertreter, Hausierer, Handwerker – und Industrielle. Von Schlesien profitierte die Wirtschaft in ganz Polen. Polen selbst war ja schon vor dem Ersten Weltkrieg ein eher armes Land gewesen. Schlesien mit seiner Schwerindustrie, seinen Zink- und Erzvorkommen und seinen Kohlengruben, Eisenhütten, Stahlwerken und Chemiefabriken dagegen war reich. Es war der „Ruhrpott" Polens und eine echte Goldgrube für den polnischen Staat. Die Industrie Schlesiens lag größtenteils in jüdischen Händen.

Die Polen hätten diese Unternehmen wohl weder fachlich noch betriebswirtschaftlich bewältigen können. Die Juden waren als Kaufleute und Ingenieure ausgebildet. Die Polen dagegen waren in jener Zeit zu 80 Prozent Analphabeten, bei den Juden hingegen konnte jeder lesen und schreiben. Die Polen konnten freilich nichts dafür. Zur Zeit der russischen Herrschaft bestand kein Schulzwang in Kongresspolen. In Galizien dagegen gab es in der österreichischen Zeit durchaus die Verpflichtung, eine Schule zu besuchen.

Die Stadt Auschwitz war mit der Wirtschaft Schlesiens eng verknüpft. Jeden Tag fuhren die Leute per Zug in die schlesischen Städte, verkauften Waren und trieben ihre Handelsgeschäfte. Die Züge verkehrten am Bahnhof Auschwitz morgens und abends in kurzen Abständen. Morgens wurde im Zug gebetet und gefrühstückt, auf der Heimfahrt verrichtete man das Nachmittags- und Abendgebet. Freitags gegen Mittag war Schluss, man bereitete sich dann auf den Sabbatabend vor.

Auschwitz war aber nicht nur eine Stadt der Händler und Vertreter, sondern auch ein Ort, an dem viele Großindustrielle lebten. Zudem gab es zahlreiche Handwerker: Schneider, Tischler, und Schlosser. Praktisch jedes Handwerk war vertreten. Auch Ärzte und Anwälte wohnten in Auschwitz. Neben zwei christlichen Ärzten gab es fünfzehn jüdische, bei den Anwälten war das Zahlenverhältnis ähnlich. Jüdische Bankhäuser waren hier ebenfalls ansässig. Sie gehörten den Familien Landau, Nathanson und Schneider. Ferner existierten mindestens zwanzig jüdische Bäckereien und Konditoreien und zwei christliche, außerdem etwa 30 Metzger, davon vier christliche.

In Auschwitz befand sich eine der vier größten Teer- und Dachpappefabriken Schlesiens. Sie war, wie praktisch alle großen Firmen, in jüdischer Hand. Die großen Industriellen von Auschwitz hießen Haberfeld, Wolf, Schenker, Lieber, Landau, Kuschnitzky und Nathanson. Alfred Haberfeld, dessen Vater die Fabrik gegründet hatte, war für die Herstellung von Likören, Schnaps und Säften zuständig. Ein moderner, fortschrittlicher Jude, der als großer Wohltäter bekannt war und verschiedene jüdische Vereine unterstützte. Ich kannte Haberfelds Sekretär, Willi Hoffmann. Die Firma Emil Kuschnitzky besaß eine sehr modern eingerichtete Teer- und Dachpappenfabrik mit einem großen Marktanteil. Geschäftsführer und Teilhaber war Joachim Liebermann. Josef Nathanson saß im Stadtrat. Er besaß auch eine Dachpappenfabrik und war orthodoxer Jude rabbinischer Abstammung. Schenker baute in Königshütte 1934 oder 1935 die erste Kunstdüngerfabrik. Seine Familie stammte ursprünglich aus Regensburg. Nach einem Pogrom in Regensburg im Jahr 1519 flohen Schenkers Vorfahren und ließen sich in Auschwitz nieder, das schon damals ein bedeutendes Handelszentrum war.

Außerdem gab es hier die großen Sägewerke Schnitzer und Selinger. Darüber hinaus stand in Auschwitz eine große Fabrik, in der Seide hergestellt wurde. Sie gehörte der Gesellschaft von Kutscher, Schenker und einigen anderen. Silfen führte eine Limonadenfabrik, Schanzer eine große Fischkonservenfabrik, Wasserberg eine Marmeladenfabrik. Auch die großen pharmazeutischen Fabriken Praga und Rekord hatten Produktionsstätten in Auschwitz.

Zu nennen sind darüber hinaus die Eisenfabriken Stolanski, Ennoch und Sadker. Sie belieferten ganz Polen unter anderem mit Stahl für den Gleisbau. Die gesamte Eisen- und Schwerindustrie war im Raum Kattowitz angesiedelt. Hier lebten viele Millionäre. Der Besitzer der Knochenverarbeitungsfabrik war einer der reichsten Auschwitzer Bürger. Vor dem ersten Weltkrieg hatte er in seiner Villa sogar Kaiser Franz Josef zu Gast, denn er arbeitete zu dieser Zeit als Wirtschaftsberater der österreichischen Regierung.

Kurz: Auschwitz war eine wohlhabende Stadt: Natürlich gab es bei uns auch arme Leute, aber nicht so viele, wie anderswo. Die meisten Bewohner gehörten dem Mittelstand an oder waren sogar vermögend. Rings um die Stadt lebten jüdische Großgrundbesitzer. Sie verfügten über viele Fischteiche und beschäftigten sich hauptsächlich mit Karpfenzucht. Die vielen Karpfenzüchter um Auschwitz versorgten die Städte im Umkreis von etwa 60 Kilometern. Jeden Mittwoch transportierte man Karpfen in großen, wassergefüllten Holzfässern auf Pferdewagen zu den Fischmärkten. Am Donnerstag wurden die Fische, die für den bevorstehenden Sabbat bestimmt waren, durch die Händler zum Verkauf gebracht.

Die Fuhrleute fuhren noch am selben Tag zurück, damit sie rechtzeitig vor Einbruch des Sabbat wieder zu Hause waren und sich noch darauf vorbereiten konnten. Auf der Heimfahrt haben die Fuhrleute ihren Pferden zugesungen: „Lauft Pferdelech! Der Schabbes kumt." Aus dieser Situation hat sich sogar ein Sketch für das jiddische Theater entwickelt, der auf allen Bühnen gespielt wurde. Der Transportbetrieb, der sich über drei Tage hinzog, war allerdings vor allem harte Arbeit.

Einer der größten Karpfenzüchter hieß Kinreich. Von einem seiner Söhne, der den Holocaust überlebte, wurde in den fünfziger Jahren die erste Fischzucht in Israel gegründet. Die Firma Säckler war für die Frachtbeförderung von Auschwitz nach Krakau zuständig. Die Firma Sachar-Natan transportierte in zwei großen Körben Briefe, Päckchen und Pakete abwechselnd nach Biliz und nach Kattowitz. Auf der Rückfahrt brachte Sachar-Natan dann Obst und Südfrüchte mit. Man nannte ihn „Socher-Nute". Seines angeborenen schiefen Kopfes wegen sagte man zu ihm auch: „Verdreh mir nicht den Kopf".

Alle Industriellen und Geschäftsleute waren wichtige Sponsoren der jüdischen Gemeinde, die sich selbst finanzieren musste, weil es so etwas wie Kirchensteuer nicht gab. Die Gemeinde konnte also nur durch die Spenden ihrer Mitglieder existieren. Weil aber viele vermögende Leute in der Stadt wohnten, konnte sie sich auch tragen. Die wohlhabenden Mitglieder fungierten als Vorsitzende der jüdischen Gemeinde. In meiner Kindheit waren das Schenker, Landau, Schnitzer und Silbiger. Die letzten Gemeindevorsteher vor dem deutschen Einmarsch waren Schenker, Silbiger und Haberfeld.

Wenn jemand bedürftig war, konnte die Gemeinde zinslose Darlehen vergeben. Diese soziale Darlehenskasse wurde von meinem Großvater, später von meinem Vater geführt. Sie kam Familien zugute, die zum Beispiel unter einem Unglücksfall zu leiden hatten, und sollte ihnen helfen, über die Runden zu kommen. Zudem wurden Altersheime unterhalten und Stipendien für begabte Kinder mittelloser Eltern zur Verfügung gestellt. Die Gemeinde leistete dies aus eigener Kraft, denn vom Staat gab es kein Geld für diese Zwecke.

Buntes Leben
Zwischen Leistungssport und Theaterbesuch

Wir Jugendlichen führten ein lustiges Leben, denn Auschwitz war, wie gesagt, eine ausgesprochen lebendige Stadt. Zu unserem bevorzugten Zeitvertreib gehörten Sportveranstaltungen. In Auschwitz gab es die besten Kajakfahrer der Umgebung. Mein Bruder belegte jedes Jahr den ersten Platz im Kajakfahren. Unser Sportverein „Kadima", das heißt „Vorwärts", war sehr gut organisiert. Viele junge Leute waren dabei. Wir betrieben Fußball, Turnen und natürlich Wassersport. Christen und Polen waren regelrecht neidisch auf unseren Verein. Auch, weil das Geld für den Sport reichlich vorhanden war und wir sogar eigene Turnhallen hatten. Der jüdische Sportverein musste sich, wie die Gemeinde selbst tragen. Er lebte von Mitgliedsbeiträgen und Spenden.

Früher fanden die Wassersportwettkämpfe auf der Sola statt, ein herrlicher Fluss, der mitten durch die Stadt floss. Die Sola entspringt in den Bergen bei Babiagóra („Omas Berg"). Als Kinder besuchten wir oft die Quelle, um zu sehen, woher das Wasser kam. Die Beskiden (Vorgebirge der Karpaten) lagen nur achtzehn Kilometer von Auschwitz entfernt. Im Sommer fuhren wir oft mit dem Fahrrad hin, im Winter mit dem Schlitten. Der Fluss ist heute ausgetrocknet. Man hat das Wasser nach dem Krieg nach Schlesien abgeleitet.

In Auschwitz gab es zwar kein Theater, aber dafür den großen jüdischen „Saal Herz". Regelmäßig fanden hier Aufführungen von Wandertheatern statt – jüdische Theatergruppen aus verschiedenen Städten, die alle paar Wochen in Auschwitz gastierten. Die Sportvereine und viele Organisationen kamen ebenfalls im „Saal Herz" zusammen. Im gleichen Haus befanden sich auch die Turnhallen. Dort versorgte man in der Zeit Kaiser Franz Josefs die jüdischen Soldaten, die in den Kasernen stationiert waren, mit koscherem Essen.

Die Backsteingebäude, die später zum Konzentrationslager Auschwitz I werden sollten, waren im Ersten Weltkrieg Kasernen der österreichischen Armee. Nach 1918 benutzten die Polen sie als Armeekasernen. Die meisten Juden, die nach dem Ersten Weltkrieg in die polnische Armee einberufen wurden und auf dem Kasernengelände lebten, stammten aus Kongresspolen. Die jüdische Gemeinde Auschwitz kümmerte sich in besonderem Maße um sie. Sie erreichte beispielsweise, dass die Soldaten den Eid durch einen Rabbiner ablegen konnten. Auf dem Hof der Hauptsynagoge fand die Vereidigung statt. An den Feiertagen wurden die jüdischen Soldaten von der Kaserne in das Stadtzentrum zur Hauptsynagoge gebracht. Im „Saal Herz" lud man sie zu koscherem Essen ein. Die Soldaten kamen zum Frühstück, zum Mittag- und Abendessen. Die jüdische Gemeinde organisierte die Verpflegung. 600 bis 800 Leute waren zu versorgen. Die Kellnerinnen machten das ehrenamtlich. Metzger und Bäcker stellten ihre Ware kostenlos zur Verfügung.

Die Stadt der Kultur und des Theaters war Kattowitz. In Auschwitz gab es ja kein festes Theaterensemble. In Kattowitz dagegen befanden sich ein Stadttheater und die Oper. Fast alle Theater waren deutschsprachige Bühnen. Jeden Samstagabend nach dem Sabbatausgang fuhren unsere Eltern mit uns Kindern nach Kattowitz, und wir besuchten das Stadttheater oder gingen ins Konzert.

Kattowitz war für die Menschen der Umgebung damals „Klein Paris", eine blühende und lebendige Stadt mit Theatern und Vergnügungsstätten, es war viel los! Nachts gab es mehr Betrieb als tagsüber, alles war auf den Straßen unterwegs. Diplomaten, Händler und Handelsattachés verkehrten hier. Die Cafés, Lokale und Kabaretts waren voll.

Über Kattowitz lief auch der gesamte wichtige Handel, wie zum Beispiel der Import von Südfrüchten. Von Kattowitz aus wurden die Waren in ganz Polen verteilt.

Die Juden von Auschwitz sprachen untereinander nur deutsch oder jiddisch, nie polnisch. Es gab viele jüdische Zeitungen und Zeitschriften. Mit Politik beschäftigten sich die Menschen von Auschwitz allerdings kaum. Wenn überhaupt, dann galt ihre Aufmerksamkeit den zionistischen Organisationen. Bei diesen war in der Stadt das ganze Spektrum von extrem rechts bis ganz links vertreten. Es gab auch einen jüdischen Arbeiterverband, eine Art Gewerkschaft, der sehr gut organisiert war und sich für seine Leute einsetzte.

In der Stadt gab es ein jüdisches und ein christliches Standesamt. Diese strenge Trennung stammte noch aus der Zeit von Kaiser Franz Josef. Junge Ehepaare wurden vom Rabbiner getraut und im jüdischen Standesamt registriert, das auch für das Geburtenregister zuständig war. Dies war in Auschwitz eben so Brauch. Die reichen Leute waren einflussreich – und so wurde diese Regelung auch außerhalb der bestehenden Gesetze beibehalten, Auschwitz genoss hier einen Sonderstatus. In Auschwitz verlief das Zusammenleben von Christen und Juden weitgehend friedlich. Anderswo in Polen herrschte vielfach, vor allem nach 1935, schlimmer Antisemitismus.

Am 5. Mai 1935 starb Marschall Piłsudski, der sich für den unabhängigen polnischen Staat eingesetzt hatte, dessen Geschicke er dann bis zu seinem Tod entscheidend mitbestimmte. Aus Dankbarkeit für die Unterstützung im Kampf gegen die Bolschewiken hatte er die Juden geschützt, aber nach seinem Tod brachen extreme antisemitische Ressentiments in Polen aus: Plötzlich war man als Jude auf den Straßen Polens nicht mehr sicher.

In Auschwitz aber gingen die Uhren anders. Außerhalb der Stadt gab es natürlich Antisemiten, aber das Zusammenleben in der Stadt funktionierte auch nach 1935 noch erstaunlich gut. Die Auschwitzer Christen waren den Juden weiter wohl gesonnen. Wenn manche in ihrem Inneren tatsächlich Antisemiten gewesen sein sollten, so zeigten sie es jedenfalls nicht. Der einzige plausible Grund für solche Anwandlungen von Antisemitismus wäre wohl die wirtschaftliche Dominanz der Juden gewesen: Unter den Nichtjuden gab es nur wenige, die selbstständig tätig waren und Fabriken oder Firmen hatten. Die meisten waren Angestellte der jüdischen Industriellen, also in gewissem Sinne von ihnen abhängig. Sie waren in den Fabriken und in den Fischzuchten tätig, arbeiteten bei den Handwerkern oder waren Hausmeister in den jüdischen Häusern.

Die Polen waren Zugereiste, meist lebten sie erst seit dem Plebiszit in der Stadt. In Auschwitz wurde aber auch kein polnischer Antisemitismus spürbar. In unserer Stadt hatten die Polen schlichtweg nichts zu melden. Sie waren keine Geschäftsleute. Die meisten waren arm. Freilich konnte man ihnen nicht in die Herzen und Seelen schauen, aber nach außen hin zeigten sie sich jedenfalls so wenig antisemitisch, wie die Christen. Wenn einer mal betrunken war, konnte es schon vorkommen, dass er seinen Hass auf die Juden herausließ. Normalerweise war das aber nicht der Fall. Es gab viele ausgesprochen judenfreundliche Polen in unserer Stadt. Manche sprachen sogar jiddisch. Sie waren in den jüdischen Häusern mit aufgewachsen. Wie das kam? Viele polnische Frauen haben bei den Juden geputzt oder den Haushalt geführt. Sie brachten ihre Kinder mit, und so wurden polnische Kinder in jüdischen Haushalten groß.

Die Schlesier, also die deutschstämmigen Christen, waren in der Regel gewiss keine Antisemiten. Sie sprachen nicht polnisch, sondern einen schlesischen Dialekt. Sie konnten die Juden gut leiden. Nur die Polen waren oft antisemitisch eingestellt, was von der katholischen Kirche forciert wurde. Die Kunden meiner Eltern waren fast alle Christen. All die Metzgereien, die bei uns einkauften, waren in christlichen Händen. Mit denen kamen wir gut aus.

Um gar nicht erst eine antisemitische Stimmung aufkommen zu lassen, hat man in der Stadtpolitik von Auschwitz immer eine besondere Übereinkunft gepflegt: Da das Gros der Bevölkerung, 9000 von 13000 Einwohnern, jüdisch war, hätte der Bürgermeister eigentlich auch ein Jude sein müssen. Die jüdische Gemeinde wollte dies aber nicht, um auf keinen Fall antisemitische Ressentiments zu provozieren. Die Juden hatten ja ohnehin eine sehr mächtige Stellung in der Stadt. Man wollte auf diese Weise nicht den Hass der Polen hervorrufen.

Also arrangierte man es so, dass der Bürgermeister immer ein Christ war und sein Stellvertreter immer ein Jude. Die ganze Administration der Stadt aber, alle hohen Posten jedenfalls, waren mit Juden besetzt. Auch der Direktor der Sparkasse war Jude, ebenso der Postdirektor des gesamten Bezirks, er hieß Mannheimer.

Den Posten des stellvertretenden – also des jüdischen – Bürgermeisters hatte lange Zeit Doktor Tieberg inne. Sein Nachfolger und damit der letzte jüdische stellvertretende Bürgermeister war Doktor Reich. Er war bis 1939 im Amt. Die Namen einiger Stadtratsmitglieder stehen heute im „Auschwitz Memorial Book": Nathanson, Bornstein, Doktor Tieberg, Groß, Bennet, Schneider, Grünbaum, Doktor Pilzer, Weinberg, Natowitz, Doktor Drucks, Mannheimer, Wulkan.

Bis 1939 waren über 50 Prozent des Stadtrats jüdische Abgeordnete. Kurz vor dem Krieg stellte die jüdische Gemeinde bei der Kommunalwahl zum ersten Mal eine eigene Liste auf. Früher taten die Juden das nicht, um keine antisemitische Stimmung aufkommen zu lassen.

Die Vorsichtsmaßnahmen wirkten bis zum Einmarsch der Deutschen. Bis dahin kamen Juden und Christen gut miteinander aus. Mit dem Einmarsch aber wandelten sich die Christen umgehend. Sie mutierten erschreckend schnell zu schlechten Menschen, wurden offensive Antisemiten und kollaborierten mit den Deutschen. Sie machten bei den Verbrechen der Nazis einfach mit.

Sie ließen sich in die Deutsche Volksliste eintragen und traten in die Armee ein. Zum Beispiel wurden die Söhne unseres Nachbarn auf einmal Deutsche, obwohl sie gar nicht deutscher Abstammung waren. Wir dagegen hatten in allen Generationen deutsche Vorfahren, die stets in Schlesien gelebt hatten. Meine Urgroßeltern und Großeltern waren deutscher Abstammung. Aber wir galten von heute auf morgen als Menschen dritter Klasse.

Der Antisemitismus war in Auschwitz in den Jahren vor Kriegsbeginn von der katholischen Kirche unterstützt und gepredigt worden. In der Stadt gab es ein großes Salesianerkloster, ein Internat und ein Priesterseminar. Die Salesianer waren dezidierte Antisemiten, die gefährlichsten Judenhasser in ganz Auschwitz.

Das Kloster lag an der Jagielonenstraße, Uliza Jagielonska auf Polnisch. Kinder aus reichen katholischen Familien aus ganz Polen gingen dort zur Schule. Später richteten die Deutschen dort ein Lazarett für die Soldaten ein. Die antisemitische Prägung des Klosters war auch nach außen hin deutlich: Wenn etwa ein frommer Jude vorbeiging, wurde er von den Klosterschülern gehänselt, bisweilen sogar bespuckt. Aber die, die das taten, wurden von uns jüdischen Kindern und Jugendlichen ganz schön verprügelt.

Während des Krieges wurde das Kloster evakuiert. Ich selbst habe den polnischen Antisemitismus nicht direkt zu spüren bekommen. Aber ich weiß, dass es ihn gab. Vor allem die Bauern aus den umliegenden Dörfern waren scharfe Antisemiten.

Die Christen lebten in Auschwitz mit uns Juden zusammen, und das nicht schlecht. Bei den Polen hatten sie es nicht so gut wie bei den Juden. Nach dem deutschen Einmarsch wurde offenkundig, wie sie wirklich dachten, da ließen sie schnell die Masken fallen. Ihr Neid auf den jüdischen Wohlstand machte sie zu glühenden Unterstützern der Nazis.

Der polnische Antisemitismus war etwas Besonderes: Er wurde nicht von der Regierung forciert und propagiert, sondern in erster Linie von der Kirche. Ich war ungefähr sieben Jahre alt, als ich eines Nachmittags von der jüdischen Schule nach Hause ging und an der Hauptkirche vorbeikam. Die Bauern aus den Dörfern wollten gerade zum Gottesdienst gehen, als ein orthodoxer Jude an ihnen vorbei schlenderte. Einer der Bauern rempelte ihn an und zog ihn am Bart. In dem Augenblick kamen die zwei Kinreich-Brüder vorbei, sahen dies, stellten ihr Motorrad ab, verprügelten die Bauern und jagten sie aus der Stadt. Der Gottesdienst fiel an diesem Tag aus.

Am Sonntag darauf verstellten die Jugendlichen der jüdischen Sportvereine alle Gehwege und ließen die Bauern nicht in die Stadt. Die ganze Stadt war abgesperrt, alle Zugänge, alle Felder. So konnten die Bauern den Gottesdienst drei oder vier Wochen lang nicht besuchen. Dann intervenierte der katholische Probst. Es wurde zwischen dem amtierenden Stadtrabbiner Elijahu Bombach und dem Probst Skarbeck verhandelt, und der Probst musste schriftlich bestätigen, dass er von der Kanzel aus die Leute dazu anhalten würde, Juden nicht mehr zu belästigen und keine antisemitische Hetze mehr zu propagieren. Ich war damals ein Kind, aber dieses Ereignis ist mir noch gut in Erinnerung, denn von da an herrschte weit gehend Ruhe. Allerdings gab es damals, 1937, in Zentralpolen sehr viel Antisemitismus. An den Geschäften in Kattowitz stand in polnischer Sprache geschrieben: „Kauft nicht bei Juden". Das habe ich als Kind mit eigenen Augen gesehen.

Jeden Donnerstag wurde ein Markt abgehalten, der sich auf drei Plätze verteilte: Den neuen Markt, den kleinen Markt (Fischmarkt) und den Hauptmarkt. Am Fischmarkt befand sich das Haus von Chaim Hennenberg, ein großes Haus, in dem man eine Likörfabrik betrieb. Rings um das Haus wurden am Donnerstag lebende Fische für den Sabbat verkauft.

Die Familie Hennenberg war in der Stadt gut bekannt, vor allem als besondere Wohltäter gegenüber armen Menschen. In der Fabrik wurden die Produkte koscher hergestellt, auch der Wein für den Sabbat. Im Haus gab es auch einen großen Saal, in dem ich als Kind mit Kollegen aus dem Sportverein Tischtennis gespielt habe.

Auf dem Neuen Markt wurden Obst und alle Sorten von Gemüse und Getreide verkauft. Auf dem Fischmarkt gab es hauptsächlich Hechte und Karpfen. Andere Lebensmittel, unter anderem auch lebendiges Geflügel und sogar Textilien konnte man auf dem Hauptmarkt erwerben. Das Geflügel brachte man direkt zum Schächten. Zuhause wurde es dann von den Frauen ausgenommen und kochfertig zubereitet.

An so einem Tag war immer reger Betrieb und die Märkte waren voll mit Menschen, die sich anschickten, den Sabbat vorzubereiten. In den Bäckereien herrschte ebenfalls starker Betrieb. Es wurden Kuchen und *Barches* gebacken, dazu weitere Spezialitäten für den Sabbat. Am Freitagvormittag waren die Geschäfte voll mit Frauen, die sehr sorgfältig einkauften, um sich auf den Abend, den Beginn des Sabbats vorzubereiten.

Freitagmittag gingen die Angestellten und die Hausierer, die aus Schlesien mit dem Zug kamen, in die Sauna. Eigentlich gingen alle Männer in die Sauna, auch mein Vater und ich. Es gab eine große Sauna, in der Masseure tätig waren. Auch war es Brauch, sich mit Reisigbündeln den Rücken zu klopfen. Zusammen mit der Massage trug das dazu bei, den Kreislauf anzuregen. Nach der Sauna hatte man immer einen krebsroten Rücken.

Anschließend ging man in die umliegenden koscheren Gasthäuser, wo man gekühlte Getränke zu sich nahm. Für mich gab es immer ein „Kracherl". Das war der österreichische Ausdruck für Limonade, der von dem Geräusch beim Öffnen kam. Die Sauna war freitags nur für Männer geöffnet. Für die Frauen gab es Öffnungszeiten unter der Woche.

Nach der Sauna ging man nach Hause und zog die festliche Sabbatkleidung an. Man achtete sehr darauf, saubere Kleidung und frische Wäsche anzuziehen. Die orthodoxen Juden trugen maßgeschneiderte schwarze Anzüge und weiße Socken. Über den Anzügen hatten sie seidene Kaftans an und als Kopfbedeckung traditionelle Pelzhüte. Manche bevorzugten auch breitkrempige Plüschhüte. Die Liberalen trugen ebenfalls maßgeschneiderte, dunkle Anzüge und schwarze Hüte. Man kleidete sich nur in Maßanzüge von jüdischen Schneidern, da die darauf achteten, dass keine rituell verbotenen Textilgemische verarbeitet wurden.

Vor Sonnenuntergang waren alle unterwegs in die verschiedenen Bethäuser und Synagogen. Jeder hatte sein angestammtes Bethaus. So herrschte reger Fußgängerverkehr. Die Väter gingen dann mit den Kindern in die Synagoge, während die Mütter das Abendessen vorbereiteten und den Tisch deckten.

In der Synagoge waren immer auch Gäste aus anderen Städten anwesend sowie Gastkantoren, die ihre neuen Melodien für die Sabbatgesänge vortrugen. Zu den Gästen gehörten auch die jüdischen Soldaten aus der Kaserne, die später zum Konzentrationslager wurde.

In jeder der vielen Synagogen war es Brauch, die jüdischen Soldaten in die verschiedenen Familien einzuladen, damit sie am Sabbatmahl und an der Sabbatfeier teilnehmen konnten. Zwischen den einzelnen Gängen sang man religiöse Sabbatlieder und auch Volkslieder. Es herrschte eine sehr feierliche und entspannte Atmosphäre – eine wohltuende Erholung nach der harten Arbeitswoche.

Samstagfrüh besuchten die Väter mit ihren Söhnen den Hauptgottesdienst, dessen Kern die Vorlesung des Wochenabschnitts aus der Thora war. In der Synagoge *Chewrat Menachem Awilim*, zu der wir gehörten, gab es zwei berühmte Talmudgelehrte, die jeden Samstag abwechselnd den Wochenabschnitt aus der Thora vorlasen. Einer hieß Isaak Pojres, der zweite war Rabbi Jehoshua. Man muss wissen, dass das Lesen der Thora besondere Kenntnisse erfordert, über die die diese beiden in besonderem Maße verfügten. Wochentags unterrichteten sie junge Männer, die sie vorher darauf getestet hatten, ob ihre Begabung ausreichend war, um vom jeweiligen Lehrer unterrichtet zu werden.

Rabbi Jehoshua siedelte 1937 ins Heilige Land über, nach Jerusalem. Für fromme jüdische Menschen war es schon immer Brauch, im Alter ins Heilige Land zu pilgern, da man in „heiliger Erde" bestattet sein wollte. Ich erinnere mich an einige Bekannte in meiner Umgebung, die diesem Brauch gefolgt sind, besonders an einen *Kohen* (ein Priester-Nachkomme) namens David Akiva Hornung. Er war der Großvater meines Freundes Benno Hornung. Er sorgte dafür, dass der Gottesdienst einen geordneten Ablauf hatte und die Gläubigen andächtig waren. Hornung war ein Kinderfreund, der sich trotz seines strengen Blicks vornehmlich mit den Kindern beschäftigte, aber nur, damit sie den Gottesdienst nicht störten.

Als *Kohen* segnete er an allen hohen Feiertagen die anwesende Gemeinde. Anschließend gab es einen *Kiddusch* (ein Segen über Wein und Brot) mit einem kleinen Imbiss, der bei besonderen Anlässen, wie zum Beispiel Verlobungen, Geburtstagen oder einer *Bar Mitzwah*, auch größer ausfallen konnte.

Meine Familie war, wie schon berichtet, Mitglied in der Synagoge *Chewrat Menachem Awilim*, was so viel „Trösten und Betreuen von Hinterbliebenen" bedeutet. Diesen Verein hatte mein Großvater Josef Friedmann 1915 während des Ersten Weltkriegs zusammen mit Moshe Schlammowitz gegründet. Aufgabe des Vereins war es, die Familien, Witwen und Waisen, deren Männer und Söhne in der deutschen und österreichischen Armee gefallen waren, in der Trauerwoche zu trösten und ihnen anschließend finanzielle Unterstützung zum Aufbau einer Existenz zu vermitteln. Ein Stockwerk über dieser Synagoge war eine Talmudschule eingerichtet. Die Anhänger des Bobover Rabbi, der in der ganzen Welt als *Gaon* (Genie) bekannt war, lernten in dieser Schule.

Mein Großvater wurde 1917 im Beisein der gesamten Familie, die zur Chanukkafeier in seinem Haus in Friedenshütte zusammengekommen war, von Raubmördern umgebracht. Mehrere Männer waren abends ins Haus eingedrungen, hatten meinen Großvater ausgeraubt und ihn dann niedergeschossen. Seine vier Töchter, deren Ehemänner und 22 Enkelkinder mussten hilflos zusehen.

Nach Großvaters Tod wurde mein Vater ehrenamtlicher Vorstand und Vorbeter der Synagoge. Er war für seine schöne Stimme und seinen ausdrucksvollen Gesang bekannt. In der Straße, in der sich unsere Synagoge befand, standen auch die Hauptsynagoge der Stadt und drei weitere Synagogen.

Vorbeigehende Besucher der anderen Synagogen blieben auf der Straße stehen, wenn mein Vater vorbetete. Das ging so weit, dass man sogar während des Gottesdienstes die Fenster öffnete, damit alle, orthodoxe wie liberale Juden, seine Stimme hören konnten. Er trug aber nur einen Teil des Gottesdienstes vor, da es nicht üblich war, dies nur von einer Person machen zu lassen.

Am Vormittag waren wieder Soldaten und andere Gäste von außerhalb anwesend, die man anschließend zu Mittag zu sich nach Hause einlud. Wir hatten in unserer Familie eigentlich immer Gäste: Soldaten, aber auch Durchreisende.

Nachmittags gingen die liberalen Jugendlichen zum Baden an den Strand oder zu Sportveranstaltungen, zum Beispiel zum Kajakfahren. Im Winter gingen sie zum Schlittschuhlaufen.

Der amtierende Rabbiner Bombach und seine Begleiter begaben sich mehrmals am Samstagnachmittag zum Strand, um herauszufinden, welche jüdischen Kinder und Jugendlichen sich dort befanden. Daraufhin rief der Rabbiner die Eltern dieser Kinder zu sich, um sie auf die Sabbatentweihung hinzuweisen. Mit viel Einfühlungsvermögen und besonderem Verständnis versuchte er den Eltern klarzumachen, dass es besser wäre, den Sport am heiligen Sabbat zu unterlassen. Einmal schaute er bei einer solchen Gelegenheit sehr angestrengt und bedrückt und sagte, dass „dieser Junge dort" ein jüdisches Kind sei. Es sprach sich in der ganzen Stadt herum, dass dieses „jüdische Kind" sein jüngster Sohn war.

Bombachs Frau war in jeder Beziehung eine soziale und allseits hilfreiche Frau. Sie wusste viele Einzelheiten über die jüdischen Familien, auch welche Familie in welcher Weise bedürftig war. Bei den Bäckereien und Metzgereien erreichte sie, dass, wenn arme Leute bei ihnen einkauften, stillschweigend mehr Lebensmittel abgewogen wurden. Auf diese Art und Weise linderte man die härtesten Auswirkungen der Armut, ohne die betreffende Familie oder Einzelperson als bedürftig oder arm an den Pranger zu stellen. Es ist eines der höchsten Gebote des jüdischen Glaubens, Diskretion beim Geben zu wahren. „Eine Hand soll nicht wissen, was die andere tut." Tag und Nacht stand Bombachs Frau allen bei, die Hilfe suchten.

Die orthodoxen Juden versammelten sich am Sabbatnachmittag im Bethaus. Kommentatoren, die so beliebt waren, dass es manchmal keinen Platz mehr in ihren Vorträgen gab, trugen Interpretationen des Wochenabschnitts vor. Einer von ihnen hieß Simcha Klieger. Ein Sohn Kliegers namens Simon hat den Holocaust überlebt und ist später in die Wohnung seiner im Holocaust umgekommenen Eltern zurückgekehrt.

Als ich 1988 einen Besuch in Polen machte, erfuhr ich, dass noch ein einziger Jude in Auschwitz lebte. Als geborener Auschwitzer wusste ich, wo das Haus Klieger ist und fuhr dorthin. Ich klopfte sehr lange an die Tür und sprach in jiddisch von außerhalb des Hauses zu Simon Klieger, bis er nach etwa einer Stunde seine Tür öffnete. Er hauste in einem kleinen Raum und sah verhärmt und abgerissen aus. Ich versuchte mit ihm zu sprechen, nannte ihm meinen Namen und sagte ihm, dass ich seinen Vater gekannt habe. Es war mir unverständlich, weshalb er hier hauste und ich fragte ihn, warum er nicht in eine Stadt zog, in der noch mehr Juden lebten. Er erklärte mir, dass er die Wohnung, solange er lebte, nicht mehr verlassen würde. Ich habe dann mit den polnischen Nachbarn gesprochen, die ihn betreuten. Sie sagten, dass sein Bruder, der in den USA lebt und jedes Jahr zu Besuch kommt, die finanziellen Mittel für seine Betreuung zur Verfügung stellt. Dieser Sohn Simcha Kliegers war als Folge des Holocaust seelisch verwirrt. Darüber hinaus war er wie gesagt der einzige Jude, der 1988 noch in Auschwitz lebte. Die Bitte seines Bruders, diese Stadt zu verlassen und ihm in die USA zu folgen, hatte er abgelehnt. Inzwischen ist er verstorben.

Nur an den hohen Feiertagen und an Sabbaten mit besonderen Anlässen waren die Frauen in der Synagoge anwesend, ansonsten blieben sie zu Hause. Das jüdische Leben der Stadt Auschwitz war sehr lebhaft. Nicht nur orthodoxe, auch liberale Juden gaben sich Mühe, den Sabbat und die Feiertage ernsthaft und feierlich zu begehen. Am Sonntag traf man sich auf dem Marktplatz, wo man neue Bekanntschaften machte, Geschäftsbeziehungen aufbaute oder über den Zionismus debattierte.

Am Montag früh fing der Alltag wieder an. Man fuhr morgens um sechs mit dem Fiaker zum Bahnhof, um zum Zug zu kommen. Alle Leute gingen wieder ihren Beschäftigungen nach. Meine Eltern machten sich auf den Weg nach Kattowitz zu ihrem Geschäft, wo sie bis Freitagmittag blieben. Meine Mutter erledigte ihre Einkäufe schon vor der Rückkehr und bereitete dann ab Freitagmittag den Sabbat zu Hause vor. Wir hatten eine Haushälterin namens Hanna, die aus Ratibor stammte und bei uns 28 Jahre lang bis zum Einmarsch der Deutschen 1939 tätig war. Während der Woche führte sie den ganzen Haushalt, versorgte die Kinder und sprach die Gebete mit ihnen – und das sogar auf Hebräisch. Zwar war sie Christin, aber für meine Schwestern gab es einen Hauslehrer, der Hebräisch lehrte und so lernte sie die Gebete mit. Sie war für uns wie ein Familienmitglied. Sie überlebte den Krieg und wohnte in einem finsteren Kellerzimmer in Auschwitz. Ein Cousin von mir machte sich nach dem Krieg auf die Suche nach Familienmitgliedern und fand sie völlig erblindet vor.

Hitlers Raubzüge
„Schwarze Wolken über dem Judentum"

Im Jahre 1933 hatte Hitler in einer Rede erklärt: „Deutschland hat weder die Absicht noch den Willen, sich in die inneren Angelegenheiten Österreichs einzumischen, es zu annektieren oder anzuschließen." Noch am 12. Februar 1938 hatte Hitler dem österreichischen Bundeskanzler Schuschnigg gegenüber in einer Besprechung auf dem Obersalzberg die früheren Versprechungen bestätigt, Österreichs Unabhängigkeit zu respektieren. Aber schon vier Wochen später, am 12. März 1938, ließ er die deutsche Wehrmacht unter dem Vorwand, Schuschnigg habe die am 12. Februar getroffenen Vereinbarungen gebrochen und „Verrat" begangen, in Österreich einmarschieren. Nachdem er so das ganze Land in deutschen Besitz gebracht und diesen Diebstahl nachträglich durch das Gesetz über den Anschluss Österreichs vom 13. März 1938 mit einem legalen Mäntelchen umhängt hatte, begann der Raub im Einzelnen.

Der Einmarsch der deutschen Truppen wurde von der österreichischen Bevölkerung enthusiastisch gefeiert und war von frenetischen „Sieg Heil"-Rufen begleitet. Zunächst schafften die Nazis die gesamten Bestände der Österreichischen Nationalbank an Gold, Valuten und Effekten waggonweise nach Berlin. Dadurch kamen der Nazismus und seine plutokratischen Verbündeten in den Besitz von großen Aktienpaketen kriegswichtiger Betriebe nicht nur in Österreich, sondern auch in den angrenzenden Balkanländern.

Die deutschen Großbanken schluckten den Wiener-Kreditanstalt-Bankverein, der bis dahin fast 90 Prozent der österreichischen Industrie und des Großhandels kontrolliert hatte. Die Alpine Montangesellschaft, die Steyrischen Gussstahlwerke, die Simmeringer Waggonfabrik, die Donaudampfschiffahrtsgesellschaft, die Steyer-Daimler-Puch-AG und zahlreiche andere Betriebe wurden dem Göringkonzern angegliedert. Die Wiener Lokomotivfabrik AG ging in den Besitz von Henschel & Co., Kassel, über. Krupp „erwarb" die Montan-Union-Gesellschaft, die I. G. Farben „übernahmen" die österreichische Dynamit-Nobel-AG. Die Liste dieser „Transaktionen" könnte in schier unendlicher Reihe fortgesetzt werden.

Im Sommer 1938 machte der weltberühmte Redner und Zionist Ze'ev Jabotynski eine Tournee durch polnische Städte. Er war aus den USA angereist, da er in Palästina von den Engländern verfolgt wurde. Man nannte ihn einen

Revisionisten. Seine Vision war, eine Legion zur Befreiung Palästinas vom Mandat der Briten aufzustellen und einen jüdischen Staat auf beiden Seiten des Jordans zu gründen.

Jabotynski sprach über drei Stunden auf dem Sportplatz in Auschwitz. Mein Vater nahm mich zu dieser Veranstaltung mit und setzte mich auf seine Schultern, damit ich den Redner auf der Tribüne sehen konnte. Oft brach stürmischer Beifall aus, auch von orthodoxen Juden, denn alle waren von seiner mit Talmudzitaten gespickten Rhetorik begeistert. Einen Satz aber werde ich nie vergessen. Er sagte: „Schwarze Wolken hängen über dem Judentum Europas" und seine Empfehlung lautete deshalb: „Rettet euch so gut wie ihr könnt und verlasst Europa."

Er forderte die Jugend auf, sich seiner Partei anzuschließen, legal oder illegal nach Palästina auszuwandern und für die Freiheit des jüdischen Volkes zu kämpfen. Es war bekannt, dass die Engländer die Balfour-Deklaration nicht eingehalten hatten. Konsequenterweise herrschte nach diesem Vortrag eine sehr traurige Stimmung.

Durch Presse und Radio hatte man die Nachrichten aus Deutschland verfolgt, wo die Vernichtung der Juden bereits angedroht wurde. Verfolgungen, Enteignungen und Deportationen waren dort bereits an der Tagesordnung. Tagelang wurde kaum noch über ein anderes Thema gesprochen. Die Hitlerreden lösten unter der jüdischen Bevölkerung Angst und Panik aus. Man fing an zu überlegen, wie Jugendliche aus dem Land gebracht werden könnten.

Die Zionistische Organisation setzte sich dann tatsächlich dafür ein, dass kleine Gruppen Auschwitz in Richtung Palästina oder Länder außerhalb Europas verlassen konnten. Es war allerdings ziemlich schwierig, weil die Engländer nicht genügend Einreisezertifikate ausstellten. Trotzdem habe ich bei meinem Besuch in Israel nach 1950 einige Leute getroffen, die Auschwitz damals rechtzeitig verlassen konnten.

In der jüdischen Bevölkerung gab es unterschiedliche Meinungen zur Nazigefahr. Etliche waren der Meinung, dass es nicht zu einer Tragödie kommen könne, weil Polen mit England und Frankreich Beistandspakte geschlossen hatte. Im äußersten Fall, so nahm man an, würden diese beiden Bündnispartner gegen die Machenschaften der Nationalsozialisten einschreiten.

Kurz darauf kamen viele jüdische Menschen nach Auschwitz, vorwiegend Geschäftsleute und Akademiker, die über das Sammellager Sbonszyn nach Polen abgeschoben worden waren. Von dort aus gelangten sie in verschiedene Städte. Diese Leute waren mittellos und kamen nur mit Handgepäck in unsere Stadt, wo sich die jüdischen Gemeinden um sie kümmerten, so gut es ging. Jugendliche sammelten Kleidung, Wäsche und Nahrungsmittel. Wo möglich, nahm man die Vertriebenen auf und stellte ihnen Wohnraum zur Verfügung.

Diese Leute berichteten vom unvorstellbaren Ausmaß der Verfolgungen seit dem Erlass der Nürnberger Rassegesetze. Diese Schilderungen brachten manche von den Ansässigen zu der Überlegung, schnell ihr Hab und Gut zu verkaufen und das Land zu verlassen. Einigen gelang dies. Es gab aber viele große Familien, die sich nicht von ihrem Besitz und ihrer Heimat trennen wollten und blieben.

Ein Sohn einer dieser deportierten Familien, es war Herschel Grünspan, damals siebzehn Jahre alt, verübte in der Deutschen Botschaft in Paris ein Attentat: Er erschoss den Botschaftssekretär Ernst von Rath am 7. November 1938. Eigentlich wollte er den Botschafter selbst töten, traf jedoch nur seinen Sekretär. So rächte sich ein junger Mensch für die Deportation seiner Eltern. Zwei Tage später, am 9. November 1938, folgte die Reichskristallnacht, für die Grünspans Attentat nur den willkommenen Anlass geliefert hatte.

Bereits am 1. Oktober 1938 war die Wehrmacht im Sudetenland einmarschiert. Kurz vorher hatte Hitler noch erklärt: „Dies ist die letzte territoriale Forderung, die ich in Europa noch zu stellen habe. Wir wollen gar keine Tschechen!" Was von solchen Versprechungen der Nationalsozialisten zu halten war, ist allgemein bekannt. Nach dem Krieg kamen die wahren Absichten Hitlers ans Licht: Er hatte von Anfang an die Absicht gehabt, nicht nur das Sudetenland, sondern auch ganz Böhmen und die Slowakei zu annektieren.

Am 15. März 1939 war es dann so weit: Als offensichtlich wurde, dass jeder Widerstand gegen Hitlerdeutschland zwecklos war und nur zu unnötigem Blutvergießen führen würde, legte der tschechische Ministerpräsident Doktor Hacha „das Schicksal des tschechischen Volkes ‚vertrauensvoll' in die Hände des Führers". So wurde nach Österreich auch die Tschechoslowakei, die reich an Bodenschätzen und für damalige Verhältnisse hoch industrialisiert war, ausgeplündert. Von den Nazis unterstützt, verleibten sich führende deutsche Wirtschaftsunternehmen die Beute ein.

Angesichts dieser Ereignisse waren die hohen Feiertage im September 1938, ganz anders als in den früheren Jahren, von einer bedrückten und betrübten Stimmung geprägt.

Kurz nach dem Laubhüttenfest wurde ich dreizehn Jahre alt und feierte meine *Bar Mitzwah* in der Synagoge und im Familienkreis. Ich konnte damals nicht verstehen, warum sich die Erwachsenen mit soviel Nachdruck gegenseitig wünschten, Gott möge das Schlimme verhindern.

Das Verhängnis nahm seinen Lauf: Am 8. Januar 1939 wurde dem Reichstagspräsidenten Doktor Hjalmar Schacht der Sonderauftrag erteilt, die Juden zu enteignen und aus Deutschland zu vertreiben. Am 24. Januar 1939 ging der Auftrag zur Durchführung dieses Auftrags an den SS-Obergruppenführer Reinhard Heydrich. Nach diesem Beschluss wurden die in Polen geborenen Juden enteignet und über die Grenze abgeschoben.

So kam es zur zweiten Welle von abgeschobenen, verarmten Juden, die von den einheimischen Gemeinden in Polen aufgenommen und versorgt werden mussten. Wieder brach eine große Panik unter der jüdischen Bevölkerung aus. Man konzentrierte daher alle Kräfte darauf, junge Leute zur Auswanderung zu bewegen.

Aus der Stadt Auschwitz sind mir drei namhafte Organisatoren des Exodus in Erinnerung: Josef Mannheimer, Josef Groß und Leon Schenker. Sie sammelten viel Geld, um diese Aktion durchführen zu können. Die Politik zwischen England, Frankreich und Nazi-Deutschland kam auf bedrohliche Weise in Bewegung. Und allmählich begann uns allen zu dämmern, was auf die Juden Europas zukam.

Der Kriegsbeginn 1939
„Die üben nur Scharfschießen"

Anfang August 1939 hatte sich die politische Lage zugespitzt, und laufend hörte man im Rundfunk Ansprachen von Hitler aus dem Reichstag und dem polnischen Marschall Rydz-Smigly. Hitler forderte von Polen Gebiete zurück, die ehemals zum Deutschen Reich gehört hatten, und Marschall Rydz-Smigly erklärte immer wieder: „Wir geben keinen Knopf."

Danach brachte man in der ganzen Stadt Plakate mit dieser Parole an. Es brach Kriegsstimmung aus. Die polnische Regierung gab die Anweisung heraus, alle Gartenzäune grün zu streichen. Inzwischen liefen Verhandlungen zwischen dem englischen Außenminister Chamberlain, dem französischen Außenminister Daladier und deutschen und polnischen Regierungsbeamten. Für alle Fälle bereitete man sich schon auf einen Krieg vor.

Man machte Hamsterkäufe, legte Schützengräben um die Häuser an und funktionierte Kellerräume zu Notquartieren um. Am 26. August wurde eine Teilmobilmachung ausgerufen und per Rundfunk mit Hilfe von Zahlencodes Reservisten einberufen. Zwei Tage später wurde in Polen die Generalmobilmachung angeordnet.

Da es in Auschwitz große Kasernen gab, kamen viele Reservisten dorthin. Wir Jugendlichen konnten die Anreise und den Marsch der Reservisten vom Bahnhof bis zu den Kasernen beobachten. Aus Neugierde sind wir mitmarschiert. In den Kasernen wurden die Neuankömmlinge mit Uniformen eingekleidet und jeder Reservist erhielt ein Paar Schuhe. Ich erinnere mich, dass viele die falsche Schuhgröße bekamen und folglich nicht damit laufen konnten. Viele der Soldaten trugen ihre neuen Schuhe deshalb über den Schultern und liefen barfuß. Es herrschte das blanke Chaos.

Die Soldaten richteten Feldtelefone zwischen den Kasernen und den neben dem Bahnhof stehenden Gebäuden ein. Auf den Dächern war die Telefonzentrale untergebracht und die Soldaten saßen dort mit Maschinengewehren und warteten auf ihre Befehle.

Am 1. September 1939 überschritten die deutschen Truppen die Grenze zu Polen. Das war der Beginn des Krieges. Schon morgens um sechs Uhr bombardierte die deutsche Luftwaffe den Kern der Stadt Auschwitz. Es fielen zwei Bomben, die zwei Häuser in der Nähe der Kirche zerstörten. Dabei kam niemand um, da die Bewohner der Häuser um diese Zeit schon unterwegs waren.

Eine halbe Stunde später begann der Luftangriff auf den Bahnhof. Dabei wurde mit Maschinengewehren von den Flugzeugen aus auf den Bahnhof geschossen. Der Zug, der als nächster abfahren sollte, wurde deshalb gestrichen, die Fahrgäste gingen wieder nach Hause.

Wir Kinder liefen zum Bahnhof, trafen polnische Soldaten und Offiziere und fragten sie, was passiert sei. „Keine Angst, die üben nur Scharfschießen", antworteten sie knapp.

Gegen Mittag tauchte ein brennendes Flugzeug über der Stadt auf, das schnell an Höhe verlor und schließlich nicht weit vom Gelände der Firma Schenker abstürzte. Kurz danach sah man einen schwarzen Punkt am Himmel schweben. Es war der an seinem Fallschirm hängende Pilot, dem in letzter Sekunde die Rettung aus seiner Maschine geglückt war. Er landete auf dem Gelände der Firma Schenker, brach sich dabei das Schlüsselbein und büßte mehrere Zähne ein. Der technische Direktor der Firma Schenker, Goslar, war ein langjähriger Mitarbeiter der Firma und wohnte auch auf dem Gelände. Er gab dem Sohn des Firmenbesitzers, Leon Schenker, sofort Bescheid. Dieser sorgte für Erste Hilfe und brachte den verletzten Flieger auf einer Trage in ein sicheres Versteck. Er schützte ihn so vor dem Zugriff der noch anwesenden polnischen Behörden.

Gegen Abend, als der Sabbat begann, kehrte allgemeine Ruhe ein. Man sah christliche Bewohner der umliegenden Dörfer, die sich mit Koffern, Kinderwagen, Stalltieren und Pferdefuhrwerken auf die Flucht in Richtung Krakau begaben. Dieser Aufbruch der Nachbarn löste eine Panik aus, so dass sich am Sabbat auch viele jüdische Bewohner von diesem Fluchtverhalten anstecken ließen. Am Samstagmorgen konnte man auch die polnischen Soldaten beobachten, wie sie mit Militärausrüstung und Pferdewagen fluchtartig die Kasernen verließen. Sie flüchteten massenweise auf den selben Straßen, wie die Zivilisten.

Samstagabend sprengte die polnische Armee die Brücke in der Stadtmitte, um den rasanten Vormarsch der deutschen Wehrmacht zumindest zu verzögern. Am 3. September marschierten morgens getarnte deutsche Soldaten, die ihre Fahrräder schoben, bis zur gesprengten Brücke. Bereits gegen Mittag kamen Pioniere der deutschen Wehrmacht dazu, die eine Notbrücke errichteten und so die Fortsetzung des Einmarschs bis zur Besetzung der Kasernen ermöglichten.

Nach dem Einmarsch meldete Leon Schenker dem zuständigen Offizier der deutschen Wehrmacht, Kleinbichel, dass sich auf seinem Fabrikgelände ein verletzter deutscher Pilot aufhielte. Kurz darauf kam ein Krankenwagen, um den Verwundeten abzuholen. Kleinbichel fragte Schenker, weshalb er so gut deutsch spräche, worauf dieser dem Offizier antwortete, dass er in Wien studiert habe. Der Offizier bedankte sich vielmals für die Rettung seines Kameraden.

Die ersten deutschen Soldaten trafen noch flüchtende Juden auf der Straße, die leicht als Orthodoxe zu erkennen waren. Drei von ihnen haben sie sofort erschossen.

Am nächsten Tag wurde die Stadt Auschwitz geteilt. Auschwitz II bis zur Brücke mit Birkenau gehörte ab sofort zum „Alten Reich". Auf der Brücke wurde eine Grenzstation errichtet, die das Verbindungsglied zu Auschwitz I darstellte und zum „Dritten Reich" gehörte. Dann wurden die Militärkommandanturen eingerichtet, eine im „Alten Reich" und eine im „Dritten Reich" in der Stadtmitte.

Von dort aus gingen alle Verordnungen an die Bevölkerung. Die Bewohner von Auschwitz I, dem so genannten „Dritten Reich", konnten nur mit Passierschein ins „Alte Reich" gelangen. Bald hingen in der ganzen Stadt Plakate, die den Ausnahmezustand bekannt gaben. Es wurde auch eine Ausgangssperre verhängt, die von acht Uhr abends bis morgens um sechs Uhr dauerte. Versammlungen oder die Zusammenkunft von Gruppen wurden verboten, womit auch jeder Synagogenbesuch unmöglich gemacht wurde.

Nach diesem Verbot schlichen sich die Juden heimlich durch die Hinterhöfe in Privatwohnungen, um hier das tägliche Gebet weiter verrichten zu können. Auch an den hohen Feiertagen musste man sich heimlich treffen, um den Gottesdienst abzuhalten. Alle Juden in der Stadt suchten irgendwo eine Möglichkeit, die Feiertage abzuhalten. Entsprechend traurig verlief das Laubhüttenfest, denn die Kinder waren es gewohnt, die Laubhütten zu schmücken und dieses freudige Fest in der besonderen Atmosphäre der Laubhütten zu erleben.

Außerdem wurden die Juden von den neuen Herren aufgefordert, alle Radios und Pelzmäntel bei der Kommandantur abzuliefern. In Schlangen standen die Leute an, um ihre Habe abzugeben. Sie bekamen dafür lediglich einen Bestätigungsschein ausgehändigt.

Es sickerte eine Nachricht durch, dass in der Stadt Melz (Mielec) die Synagoge angezündet worden war und die Nazis offenbar 32 Juden auf offener Straße erschossen hatten.

Die Kommandantur hatte erfahren, dass Leon Schenker einen deutschen Flieger gerettet und vor dem Zugriff der polnischen Behörden bewahrt hatte. Daraufhin wurde Schenker zum Vorstand der jüdischen Gemeinde berufen. Mit zwei weiteren Vorständen, Josef Mannheimer und Abraham Groß, waren diese drei die Verbindungsleute der Juden als Vermittler zwischen ihnen und den Besatzungsbehörden.

Nach der Nachricht aus Melz hatte Schenker veranlasst, dass die 40 Thorarollen und die silbernen Gerätschaften, die sich im Thoraschrein der Auschwitzer Synagoge befanden, vorsorglich in Kisten verpackt werden. Sie sollten an einem sicheren Ort vergraben werden. Zu diesem Zweck wurden Zinkblechkisten angefertigt, die man zum Schutz gegen die Feuchtigkeit mit Dachpappe und Teer auskleidete.

Leider wurden diese Vorbereitungen zu spät getroffen, denn schon am 20. September sperrte die Gestapo nachts die Straße ab und warf Brandbomben in die Synagoge. Das ganze Gebäude brannte mit den Thorarollen bis auf die Grundmauern nieder. Als ich am nächsten Tag die Nachricht hörte, lief ich weinend zu meinem Großvater und erzählte ihm, was passiert war: „Großvater, unsere schöne Synagoge, wo ich im Chor gesungen habe, ist abgebrannt!" Er tröstete mich mit den Worten: „Weine nicht, mein Kind. In Erez Israel wird man schönere und größere Synagogen bauen. Wenn nicht wir, dann unsere Enkelkinder." Mein Großvater war damals 91 Jahre alt.

Sämtliche Lagerräume der jüdischen Fabriken und Geschäfte wurden gesperrt. Es kamen Truppen mit Lastwagen an, um alle Warenlager der Juden zu plündern und abzutransportieren. Die deutsche Schutzpolizei fing auf der Straße die nächstbesten Juden ein und zwang sie, die Aufladearbeiten zu verrichten.

Ich weiß noch, wie eine Woche lang bei der in der Nähe liegenden Gerberei Fertig- und Rohware verladen und wegtransportiert wurde. Die Lastwagen kamen aus dem deutschen Gebiet Beuthen in Oberschlesien. Viele Lastzüge stammten von Transportunternehmen, die restlichen stellte die Wehrmacht.

Es wurden restlos alle Reserven an Lebensmitteln und Waren aus den Lagerbeständen der jüdischen Fabriken und Geschäfte gestohlen.

Im Januar kam eine neue Verordnung: Alle Juden mussten ab sofort eine weiße Binde mit Davidstern tragen. Außerdem mussten alle jüdischen Geschäfte auf ihren Schaufenstern einen Davidstern mit der Inschrift „Jude" anbringen. Es wurden Lebensmittelmarken speziell mit dem Kennzeichen „für Juden" ausgegeben.

Arbeitsdienst beim Lagerbau
Mit falschem Geburtsschein unterwegs

Anfang Januar 1940 kamen Obersturmbannführer Heinrich Himmler und Polizeiführer Schmauser aus Berlin nach Auschwitz und besichtigten die Kasernen und das umliegende Gelände. Der Platz wurde als geeignet für die Errichtung eines Konzentrationslagers befunden.

Daraufhin wurden alle Juden, die in Auschwitz II wohnten, nach Auschwitz I umgesiedelt. Die Familien mussten fünfzehn Prozent ihres Wohnraums für die Aussiedler abtreten. Danach kamen einige SS-Männer in die jüdische Gemeinde und verlangten, dass täglich ein Kontingent arbeitsfähiger Männer zur Verfügung gestellt würde. Die jüdische Gemeinde richtete ein so genanntes „Arbeitsamt" ein, das von Meier geführt wurde.

Alle Männer zwischen 18 und 45 Jahren wurden registriert, und jeder in dieser Altersstufe musste an jedem zweiten Tag zur Arbeit antreten. Um 6.30 Uhr wurden die Männer am Synagogenplatz abgeholt und marschierten dann zwei Kilometer weit bis an die Stelle, an der sie das Konzentrationslager bauen sollten. Um 17 Uhr ging es zurück in die Stadt.

Mein Vater gehörte zu dieser Altersgruppe und wäre verpflichtet gewesen, an den Arbeitskommandos teilzunehmen. Täglich kamen verletzte Männer von diesen Arbeitskommandos zurück, die während ihres Einsatzes geschlagen und misshandelt worden waren.

Ein SS-Mann namens Wind war besonders gefürchtet, da er die Männer schon auf dem Weg zur Arbeit gerne und oft mit dem Gewehrkolben schlug. Von dieser Art der „Behandlung" waren vorwiegend ältere Männer betroffen. Den ungefähr zwei Kilometer langen Weg mussten sie im Laufschritt zurücklegen, und wer nicht mithalten konnte, wurde erbarmungslos niedergeknüppelt. Sturmbannführer Wind zerrte die Zerschlagenen in die Straßengraben. Seine Spezialität war es, auf die Geschundenen anschließend zu urinieren. Täglich mussten die auf dem Weg und bei der Arbeit Verletzten und Totgeschlagenen vom Arbeitstrupp in die Stadt zurückgetragen werden.

Das veranlasste meine Mutter, meinen Geburtsschein ändern zu lassen, damit ich als Achtzehnjähriger durchginge und so die Arbeit meines Vaters übernehmen konnte. Sie hatte gute Beziehungen zu Bürgermeister Grünweller, weil beide in der gleichen Stadt geboren waren und dieselbe Schule besucht hatten. So wurde es möglich, mir einen Geburtsschein mit dem

Geburtsjahr 1921 ausstellen zu lassen. Auf diese Weise musste ich schon mit vierzehn Jahren Schwerstarbeit leisten.

Mitte Februar 1940 wurde das gesamte Dorf Birkenau in die umliegenden Dörfer umgesiedelt. Der Bautrupp, dem ich zugeteilt war, riss die Häuser und Höfe von Birkenau nieder. Dadurch wurde das Terrain für die nachfolgende Errichtung des Lagers frei. Beim Abriss wusste keiner von uns, was das werden sollte. Erst später begann der Aufbau der ersten Baracken.

Am 15. Juni 1940 kamen die ersten Häftlinge aus dem Protektorat Polen mit Zügen am Bahnhof an, wurden zu Hundertschaften aufgestellt und marschierten dann zu Fuß ins Lager Auschwitz. Die ersten Gefangenen des Lagers waren Geistliche, Rabbiner und Intellektuelle. Einigen Rabbinern hat man noch am Bahnhof mit Scheren und Messern die Schläfenlocken und Bärte abgeschnitten. Bei dieser fragwürdigen Posse fotografierten sich die SS-Männer gegenseitig, um ihre „Heldentaten" im Bild festzuhalten. Wenige Tage danach sah man im Lager Auschwitz einige Häftlinge in Streifenanzügen herumlaufen. Wir dachten, dass diese vielleicht krank seien und ausnahmsweise ihre Schlafanzüge trügen. Es gelang mir, mit einigen der Männer ins Gespräch zu kommen, wobei wir erfuhren, dass sie Häftlinge waren und aus dem Protektorat stammten. Es kamen mehr und mehr von ihnen und sie mussten beim Bau des Lagers mitarbeiten.

Schenker hatte im September mit Heydrich und Eichmann über eine Sonderzahlung verhandelt, die die Aussiedlung der Auschwitzer Juden verhindern sollte. Das Geld wurde durch eine Sammlung aufgebracht. Im Dezember 1940 gab der „Sonderbeauftragte des Reichsführers SS für den fremdvölkischen Arbeitseinsatz", Schmelt, einen Erlass heraus, der die Registrierung von unverheirateten Männern im Alter zwischen 18 und 35 Jahren betraf. Diese Männer waren für den Arbeitseinsatz vorgesehen. Man behauptete, dieser Einsatz würde zwei Jahre dauern und diene dem Ersatz für die in Deutschland im Militärdienst gebundenen Arbeitskräfte.

Alle Registrierten bekamen den Befehl, mit minimalem Gepäck zum Arbeitseinsatz anzutreten. Daraufhin versammelten sich etwa 600 Männer am Hauptmarkt. Aufgrund meiner geänderten Geburtsurkunde musste ich auch dort erscheinen. Wir marschierten in Begleitung von OT-Männern zum Bahnhof. OTs waren Angehörige der Organisation Todt (Arbeitsorganisation). Ihr Führer hatte den Namen Todt; nach dessen Tod übernahm Hitlers Architekt Albert Speer die Leitung der Organisation Todt.

Am Bahnhof wurden wir in Viehwaggons gepfercht und kamen einige Stunden später im Durchgangslager Sakrau an. Dort hielt der Judenälteste Frey, der für uns zuständig war, eine kurze Ansprache, in der unsere Weiterverteilung auf verschiedene Arbeitslager in einigen Tagen angekündigt wurde. Das Lager Sakrau war mit Stacheldraht umzäunt, wir wurden in Baracken untergebracht.

Nachdem wir alle namentlich registriert waren, erhielt jeder zwei Decken, Besteck, einen Blechteller und einen Blechbecher. Schließlich wurde uns Stroh gebracht, mit dem jeder seinen Schlafsack für das zweistöckige Holzbett füllte. Auf Anweisung wählten wir einen Stubenältesten, der für die Ordnung in der Barackenstube verantwortlich war. Mehrmals täglich mussten wir zu Zählappellen antreten und uns dreimal täglich zum Essenfassen aufreihen. Die dabei verteilten Rationen waren auffällig knapp bemessen.

Im Zuge der Appelle tauchte ein Mann namens Hausschild auf. Er war der Beauftragte für die Einteilung der Arbeitseinsätze und suchte sich Leute aus verschiedenen Berufsgruppen heraus, die anschließend verschickt wurden. In Sakrau kamen täglich neue Transporte aus verschiedenen Städten an. Nach einer Woche wurde ich von Hausschild einer Gruppe zugeteilt. Diese umfasste etwa 750 Männer und wurde nach Annaberg geschickt.

Fotos aus der Privatsammlung Jakubowicz

Der in Auschwitz amtierende Rabbiner
Admor Rav Elazar Rosenfeld

Brücke über die Sola

Blick über die Sola

Ein Ausflug von Beit Ya-akov-Mädchen in die Beskidenberge, um 1935

Jüdische Straße und große Synagoge in Auschwitz

Auschwitzer Bürger im Ausgehanzug

Orthodoxe Jugendliche im Fiaker

In den Straßen von Auschwitz vor dem deutschen Einmarsch

Der Marktplatz von Auschwitz mit dem Fiakerplatz

Auschwitzer Jugend mit Davidstern Anfang Januar 1940

1940: Bärte und Locken werden bei der Ankunft am Bahnhof abgetrennt

Sajbusch-Bautrupp von Auschwitz-Juden im Arbeitslager 1940

Auschwitz-Juden im Arbeitslager 1940

Juden aus dem Nachbarort Zator bei der Zwangsarbeit 1940

Autobahnbau bei Annaberg 1941

Das Gesicht des Reichsbahn-Meisters Werner
Zeichnung: Weiß

Auf Besuch in Annaberg, 2004

Die Hauptbaracke im Lager Birkenau

Barackenbauten in Birkenau

Das heutige Zentrum Lomdej Mishnajot mit Museum

Rose Wanninger und Josef Jakubowicz
im Lomdej Mishnajot

Ein zerschlagener Grabstein
im Friedhof Bergstadt bei Annaberg

Gedenkstein für ermordete Juden in Görlitz

Die ehemalige Kommandantur von Annaberg

Rose Wanninger, Josef Jakubowicz und die Museumsleiterin

Zwangsarbeit mit Freigang
400 Gramm Brot am Tag

Nachdem wir in Annaberg angekommen waren, brachte man uns von einer Postenkette bewacht ins Lager, in dem sich schon einige hundert Männer befanden, die in Baracken untergebracht waren. Wir Neuangekommenen mussten erst aus Bauteilen Baracken für unsere Unterkunft aufbauen. Bis diese fertiggestellt waren, schliefen wir zusammengepfercht mit den anderen Häftlingen in deren Baracken.

Das Lager Annaberg war am Fuß des Annaberges errichtet worden, an dem am 21. Mai 1921 ein Kampf zwischen Deutschen und Polen stattgefunden hatte. Auf dem Berg waren Denkmäler und Kreuze für die gefallenen Soldaten aufgestellt worden.

Der Tagesablauf sah folgendermaßen aus: Um 5 Uhr Wecken, um 5.30 Uhr Zählappell, danach musste die Decke säuberlich zusammengefaltet auf die Pritsche gelegt werden. Anschließend mussten wir vor der Küche für das Frühstück anstehen, das aus einem Teller dünner Suppe bestand. Dazu verteilte man die Tagesration, die aus 400 Gramm Brot und einem Würfel Kunsthonig oder Margarine bestand. Schließlich folgte in Hundertschaften (je 30 Mann) der Abmarsch zur Baustelle.

Die Männer wurden verschiedenen deutschen Baufirmen, die den Autobahnbau übernommen hatten, zugeteilt. Es wurden Gleise verlegt, auf denen später mit Hilfe von Loren der ausgehobene Mutterboden abtransportiert wurde. Ich war diesem Gleisbaukommando zugeteilt.

Um 16.30 kehrten die Zwangsarbeiter ins Lager zurück. Nach dem Zählappell stellten wir uns wieder zum Essenfassen an. Anschließend hatten wir „frei". Der Judenälteste Rettig, ein gebürtiger Auschwitzer, der mich von zu Hause kannte, sagte mir, er könne für mich eine Nebenbeschäftigung für abends besorgen. Rettig brachte mich zum Lagerführer Lehmann, einem SA-Mann, der eine Armbinde mit Hakenkreuz trug. Lehmann wohnte mit seiner Familie in einem Haus direkt neben dem Lager. Er nahm mich abends nach der allgemeinen Arbeit mit nach Hause, damit ich bei ihm verschiedene Arbeiten erledigte. Unter anderem hatte ich die Treppe zu putzen, den Hof zu kehren, Brennholz zu spalten und vieles mehr. Es wurde angeordnet, dass ich für diese zusätzliche Arbeit bei Lehmann auch zusätzliche Verpflegung bekam.

Nach ein paar Wochen bewirkte Lehmann, dass ich vom Gleisbau abgezogen wurde und nur noch für seine Hausarbeit zuständig war. Er fragte mich über meine Herkunft aus, und ich erzählte ihm von meiner Familie, die aus Friedrichshütte in Oberschlesien stammte. Auf diese Weise entstand ein Vertrauensverhältnis, und schließlich gestand ich ihm, dass ich nicht das vorgeschriebene Alter besäße, sondern erst sechzehn Jahre alt wäre. Er sagte, er hätte dies sofort bemerkt. Lehmann trug entweder Zivilkleidung oder seine SA-Uniform und wohnte mit seiner Frau und zwei Kindern in der Kommandantur, einem aus Stein erbauten Haus gegenüber dem Lager.

Zu den Arbeiten, die ich im Hause Lehmann verrichtete, gehörten so unterschiedliche Dinge wie Schuhputzen, Schneeräumen und manches andere. Durch diese Sonderbehandlung musste ich nicht hungern, konnte mich frei im Lager bewegen, allein zum Haus Lehmanns gehen und das Lager auch unbehelligt verlassen.

Zu dieser Zeit wohnte meine Familie noch in der Stadt Auschwitz und ich machte mir Sorgen um sie. Keiner wusste, was aus ihnen werden würde und wie alles weiter gehen sollte. Wenigstens konnte man sich Postkarten zuschicken. Diese liefen zwar durch die Zensur, aber man war wenigstens einigermaßen informiert. Eines Tages brachte Lehmann eine Postkarte für mich und wunderte sich über die Schrift. Die Karte stammte von meiner Mutter und war in altdeutscher Schrift geschrieben. Ich hatte meiner Familie aus dem Lager per Karte mitgeteilt, dass es mir gut ginge, dass ich gesund wäre und genügend zu essen hätte, worauf meine Mutter sarkastisch antwortete: „Hoffentlich stimmt das alles auch so!"

Am 25. April 1941 wurden die Juden von Auschwitz nach Sossnowicz und zum Teil auch nach Bendsburg ausgesiedelt. Meine Eltern kamen nach Sossnowicz und meine älteste Schwester wurde mit ihrem Mann und ihren vier Kindern nach Bendsburg gebracht.

Nachdem ich von der Umsiedlung erfahren hatte, bat ich den Lagerführer um die Erlaubnis, meine Familie für ein paar Tage besuchen zu dürfen. Er stellte mir einen Passierschein aus, gültig für drei Tage, und sagte mir weitere Besuchstermine im Abstand von drei Wochen zu. Er fragte mich, ob ich Geld für eine Bahnkarte habe. Schließlich gab er mir 60 Reichsmark für die Fahrt zu meinen Eltern. In Sossnowicz fand ich meine Eltern und meine jüngere Schwester zusammengepfercht in einem Zimmer, das ihnen von der dortigen jüdischen Gemeinde zugeteilt worden war.

Besorgt über den Verbleib meiner jüngsten Schwester Mathilde, erklärten mir meine Eltern, dass sie sich geweigert hatte, mitzukommen und mein Vater sie deshalb in der Obhut einer polnischen christlichen Familie gelassen hatte, die nicht weit vom Lager Auschwitz wohnte. Es war die Familie Kaszny, die ein Gasthaus mit freier Kegelbahn besaß. Carol Kaszny war ein ehemaliger Angestellter meines Vaters. Ein Hüne von einem Menschen, der meinen Eltern versprochen hatte, meine Schwester so gut wie möglich zu beschützen.

Im Zimmer meiner Eltern sah ich die Thora-Rolle, deren Hülle die Aufschrift trug:

„Zum Andenken an Josef Friedmann, der im Ersten Weltkrieg am 15. Dezember 1917 von Mördern umgebracht wurde!" Diese Thorarolle stand vormals in der kleinen Synagoge des Vereins zur „Tröstung von Trauernden", den mein Großvater Josef Friedmann mit Moshe Schlammowitz gegründet hatte.

Meine Eltern erzählten mir, dass sich bei der Aussiedlung von Auschwitz nach Sossnowicz alle Juden der Stadt auf dem Hauptmarkt mit ihrem Handgepäck versammeln mussten. Alle Thorarollen, ungefähr 95 Stück, die in den kleinen Synagogen und Betstuben noch vorhanden waren, wurden von den Aussiedlern als Handgepäck mitgenommen. Bei den Vertreibungen haben Juden immer ihre Thorarollen mitgenommen, damit sie nicht in falsche Hände gerieten.

Am nächsten Tag habe ich dann meine älteste Schwester und ihre Familie in Bendsburg besucht. Es war eine große Wiedersehensfreude und alle wunderten sich darüber, wie ich diesen Besuch möglich gemacht hatte. Am selben Tag fuhr ich zu meinen Eltern zurück.

Im Haus meiner Eltern war ein großer Auflauf von Menschen, die mich alle baten, Briefe an Angehörige mitzunehmen. Ich trennte das Futter meiner Jacke auf, um alle Post unterzubringen. Meine Eltern freuten sich riesig über unser Wiedersehen. Ich erzählte ihnen, dass ich die Erlaubnis für weitere Besuche bekommen hatte und sie sich keine Sorgen machen müssten, da der Lagerkommandant mir sehr wohl gesonnen war, und dass ich in drei Wochen wiederkommen würde.

Meine Eltern gaben mir eine goldene Taschenuhr der Marke „Schaffhausen" mit Goldkette als Geschenk für den Lagerführer mit. Dieser war nicht nur mir wohl gesonnen, sondern war gegenüber allen Lagerinsassen ein humaner, freundlicher, und verständnisvoller Mensch. Lehmann hat mein Geschenk freudig dankend angenommen. Er hielt auch Wort und so fuhr ich schon drei Wochen später wieder nach Hause.

Am 22. Juni 1941 überfielen die Deutschen Russland. Herr Lehmann erklärte mir daraufhin, dass es für ihn und für mich in dieser Zeit zu risikoreich wäre, mir noch einmal einen Passierschein auszustellen. Das war das Ende meiner Besuche. Zu dieser Zeit konnte ich noch nicht ahnen, dass ich meine Familie zum letzten Mal gesehen hatte.

Im Lager wurde die Bewachung verschärft und man ordnete an, dass wir ab sofort zusätzlich zwei weitere Judensterne tragen mussten. Bisher war ein Stern auf der Brustseite der Jacke zu tragen gewesen. Jetzt kam noch einer auf dem Rücken und einer oberhalb des Knies hinzu.

Bis Anfang Oktober führte ich weiterhin die Arbeiten im Hause des Lagerkommandanten Lehmann aus. Nach einer Selektion durch Hausschild, der Männer für den Osteinsatz aussuchte – er wurde von den Häftlingen auch „der Pferdehändler" genannt – wurden etwa 80 Prozent der Lagerinsassen für diesen Einsatz abkommandiert.

Lehmann konnte nicht verhindern, dass auch ich für den Arbeitseinsatz im Osten in Rava-Ruska abgezogen wurde. Dieser Ort befindet sich wenige Kilometer hinter Lemberg an der ehemaligen polnisch-russischen Grenze. Allerdings verabschiedete sich Lehmann mit dem Versprechen, er werde mich im Auge behalten.

Auch aus anderen RAB-Lagern wurden Männer hinzugezogen, so dass rund dreitausend Arbeitskräfte für diesen Osteinsatz zusammenkamen. Die Arbeit bestand darin, die Spurbreite der russischen Breitspur-Trassen auf das europäische Normalmaß von 1435 Millimetern zu verschmälern, damit die Züge aus Deutschland mit dem Nachschub für das vorrückende Militär direkt auf russischen Gleisen weiterfahren konnten.

Im Osteinsatz herrschten grausame Zustände. Tagsüber leistete man Schwerstarbeit. Die Schienen mussten mit schweren Eisenzangen gehoben werden und genau auf das neue Maß gebracht wieder angeschraubt werden. Die Schwellen wurden mit Hacken untergestopft.

Vorarbeiter der Reichsbahn waren harte und unerbittliche Aufseher, die die Männer den ganzen Tag über hetzten und oft misshandelten.

Das Arbeitskommando stand unter der Aufsicht von OT-Männern, und selbst diese waren entsetzt über die fanatische Besessenheit der Reichsbahnvorarbeiter. Die Zwangsarbeiter wurden in offenen Waggons auf Abstellgleisen untergebracht. Es gab wenig Wasser, keine frische Wäsche und nur äußerst knappe Essensrationen. Das Schlimmste aber war der baldige Kälteeinbruch. Es schneite, und die Kälte fror Stein und Bein gnadenlos zusammen. Die kalten Eisenbahnschienen mussten ohne Handschuhe bewegt werden. Tippte man die Schienen oder Zangen bei diesen Minusgraden nur an, war die Haut der Finger und Handflächen schon am Metall angefroren.

Nachts „schliefen" die Männer stehend aneinandergelehnt in den offenen Waggons und waren bis zum Morgen meist eingeschneit. So drängte man sich in einem Haufen zusammen und umarmte sich, um durch den Austausch von Körperwärme die Nacht lebend zu überstehen.

Die Kleidung der Männer war nicht für den Winter geeignet, denn die Arbeitsanzüge bestanden nur aus Baumwolle und als Schuhe trug man billige, dünne Holzsohlen mit Stoffüberzug. Socken gab es gar keine. Die Füße waren nur mit Lappen eingewickelt.

Da man sich nicht waschen konnte, blieb einem nur übrig, sich mit Schnee einzureiben. Toiletten gab es auch keine und alle Arbeiter waren verlaust.

Die Folge dieser katastrophalen Verhältnisse waren massenweise Durchfallerkrankungen, die sich sehr schnell zu Typhus auswuchsen. Die Männer konnten vor Schwäche kaum stehen; sie starben weg, wie die Fliegen.

Mein Glück war, dass ich nur anfangs die schwere Arbeit mitgemacht habe, bis ich auf die Idee kam, die Wachposten, die ebenfalls vor Kälte zitterten, anzusprechen und dazu zu überreden, mich aus dem Wald Holz zum Feuermachen holen zu lassen. Die OTs waren zunächst skeptisch, da sie befürchteten, ich könnte fliehen und sie so in große Schwierigkeiten bringen. Ich beteuerte ihnen, dass dies bestimmt nicht meine Absicht wäre. Wohin hätte ich auch fliehen sollen? Die Gegend war unbewohnt und ich kannte mich überhaupt nicht aus. Ich bot ihnen sicherheitshalber sogar an, ohne Schuhe zu gehen, damit ich bestimmt nicht flüchten würde. Es gelang mir, ihr Vertrauen zu gewinnen und ich lief – nun doch mit Schuhen – in den Wald, sammelte trockenes Holz und entfachte ein Feuer. Dies war in den folgenden Tagen und Wochen meine Arbeit.

Danach fand ich auf der Baustelle ein Fass aus Blech, in das ich seitlich Löcher schlug. So hatte ich eine bewegliche Feuerstelle, die sich den Bahnstrang entlang mitschleppen ließ.

Im Frühjahr 1942 griff die Typhusepidemie weiter um sich, und da man vor ihrer unkontrollierten Ausbreitung Angst hatte, beschloss man, die Männer in ein Quarantänelager nach Großmasslowicz bei Breslau zu bringen.

Eine große Zahl meiner Leidensgenossen starb auf dem Weg dorthin, und auch im Lager wurden täglich Leichen auf dem Pferdewagen abtransportiert. Obwohl ich mit den Männern täglich zusammen war, wurde ich nicht mit Typhus infiziert. Der Lagerarzt Doktor Mazner untersuchte mich. Er war der Cousin meines Schwagers. Ich wurde einer anderen Baracke zugeteilt und war fortan mit dem Sortieren von erbeutetem Kriegsmaterial beschäftigt.

Zu meinem Erstaunen war ausgerechnet der Judenälteste Rettig aus Annaberg nach Großmasslowicz verlegt worden. Er erzählte mir, dass das Lager Annaberg nach dem Abtransport seiner Gefangenen zum Osteinsatz aufgelöst worden war. Man hatte es zum „Dulag" (Durchgangslager) für Westjuden umfunktioniert. Er fragte mich, ob ich interessiert wäre, nach Annaberg zu kommen, was ich gern zusagte.

Rettig nahm Kontakt mit Lagerführer Lehmann auf. Nach ein paar Tagen holte mich ein OT-Mann ab und brachte mich im Personenzug nach Annaberg. Beim Wiedersehen mit Lehmann erklärte mir dieser, er hätte mich zum Einsatz als Lager- und Baustellensanitäter angefordert.

Alle zwei bis drei Tage trafen Transporte mit Menschen aus Frankreich, Belgien und Holland im Lager ein. Es kamen ganze Familien in Personenzügen an, und am Bahnhof Bergstadt hieß der Befehl dann: „Alle Männer mit Gepäck aussteigen! Frauen und Kinder bleiben im Zug!"

Die Frauen und die Kinder wurden nach Kosel weiterbefördert.

Nachdem die Männer nach drei Kilometern Fußmarsch das Lager Annaberg mit ihrem Gepäck erreicht hatten, wurden sie aufgefordert, ihre Koffer auf einem Haufen abzulegen. Ein Obersturmbannführer namens Lindner leitete diese Aktion persönlich. Sämtliche Neuankömmlinge wurden zunächst registriert, anschließend rief man sie zum Zählappell auf den Lagerplatz. Obersturmbannführer Lindner forderte die Anwesenden mit strengen Worten auf, alle Dokumente, die sie bei sich hatten, in eine dafür vorgesehene Tonne auf dem Lagerplatz zu werfen. In eine zweite daneben stehende Tonne sollten alle Wertgegenstände wie Uhren, Schmuck, Gold und Münzen kommen. Beide Tonnen waren mit Leintüchern ausgelegt.

Lindner drohte, man solle ja alle Sachen abgeben, da für beim anschließenden „Filzen" gefundene Gegenstände schwere Strafen verhängt würden. Die Männer standen in Schlangen vor den Tonnen. Viele ließen vor lauter Angst ihre Wertsachen einfach dort, wo sie gerade standen, auf die Erde fallen und verscharrten sie im Boden, indem sie einfach lockere Erde mit dem Fuß darüber streiften. Diese Leute blieben nur zwei bis drei Tage im Lager und wurden danach umverteilt.

Da ich als Sanitäter zum Lagerpersonal gehörte, hatte ich beobachtet, dass einige SS-Männer, Lindners Begleitpersonal, die Leintücher aus den Tonnen nahmen und die Wertsachen auf Lastwagen abtransportierten. Auch fiel mir auf, dass das angedrohte „Filzen" nicht stattfand.

Dies veranlasste mich dazu, die Ankömmlinge anzusprechen und ihnen den Tipp zu geben, nicht alle Wertgegenstände abzugeben. Unter den Männern waren viele fromme Juden aus Antwerpen, denen ich diese Information auf Jiddisch weitergeben und sie dazu anhalten konnte, dies auch den anderen mitzuteilen.

Die auf dem Haufen abgelegten Koffer wurden einen Tag später abgeholt. Als nach einigen Tagen der nächste Transport eintraf, spielte sich dieselbe Prozedur noch einmal ab. Meine Intuition lief auf Hochtouren und so bot ich mich an, beim nächsten Aufladen der Koffer mitzuhelfen.

Als es soweit war, stellte ich einige Koffer stillschweigend auf die Seite, wobei ich mich auf besonders wertvoll aussehende Stücke konzentrierte. Diese schaffte ich noch während des Aufladens in eine leere Baracke. Nach Abfahrt der Lastwagen öffnete ich die Koffer und stellte fest, dass sich neben Wäsche, Schmuck und fremden Valuta auch Damenbekleidung in den Koffern befand. Sie mussten also bei dem unerwarteten Befehl für die Männer zum Aussteigen am Bahnhof von Bergstadt (Lesnica) vertauscht worden sein.

In einem der Koffer fand ich ein Paar Lederstiefel in meiner Schuhgröße. Ich war glücklich und froh, endlich gutes Schuhwerk zu besitzen. Es waren bis über die Knöchel hoch geschnürte ledergefütterte, edle Stiefel. Sie haben mich bis zum Lager Fünfteichen begleitet. In Fünfteichen wurde man „neu eingekleidet", unter anderem mit Pantoffeln zum Reinschlüpfen, die nur aus einer Holzsohle mit einem darüber gespannten Stück Stoff bestanden.

Tags darauf lief ich, getarnt mit einer ausgeleerten Sanitätstasche, über den Appellplatz und stöberte die blindlings weggeworfenen Goldstücke auf, um sie in meiner Tasche verschwinden zu lassen.

In den Tagen zwischen Ankunft und Weiterverteilung brachte man die Männer zum Einsatz auf die nahegelegene Autobahnbaustelle. Ich ging als Baustellensanitäter mit zu den Einsätzen und machte mich mit dem für mich verantwortlichen Posten auf den Weg nach Annaberg. Ich holte in der Apotheke Verbandszeug ab und fragte bei dieser Gelegenheit, ob für die in den Koffern gefundenen Kleidungs- und Wäschestücke Interesse zum Tausch gegen Lebensmittel bestand. Der Apotheker teilte mir auch mit, an welche anderen Geschäfte ich mich vertrauensvoll wenden könne.

So packte ich am nächsten Tag ausgewählte Stücke in einen Rucksack, ging wieder mit zur Baustelle und anschließend in Begleitung „meines" Postens zur Apotheke. Dem Apotheker schenkte ich einige Stücke, denn er hatte ja keine Tauschware für mich.

Anschließend ging ich zum Bäcker, zum Metzger und zu Lebensmittelgeschäften, die mir der Apotheker empfohlen hatte, und tauschte meine „Ware" gegen Butter, Zucker, Mehl und andere Lebensmittel ein. Dem Bewachungsposten, der jeweils vor dem Laden wartete, teilte ich mit, dass es sich um Besorgungen für den Lagerführer Lehmann handelte.

Um sicherzugehen, dass mein Bewacher auch dicht hielt, nachdem er von dem Tauschhandel mitbekommen hatte, gab ich ihm von den Nahrungsmitteln etwas ab. Er freute sich sehr, da er selber nichts zu kauen hatte.

Schmuck und Goldmünzen, die ich auf dem Appellplatz aufgesammelt hatte, versteckte ich im Fußboden einer Baracke. Ich lockerte zwei Bretter und deponierte diese Stücke in einem leeren Koffer. Einen großen Teil der eingetauschten Lebensmittel brachte ich direkt in das Haus von Lagerführer Lehmann, mit dem mich wie gesagt ein ausgesprochen gutes Vertrauensverhältnis verband. Er wusste von meinen Aktivitäten und duldete sie stillschweigend.

Ende September 1942 kam einen Tag vor *Jom Kippur* (Versöhnungsfest) ein Transport aus Antwerpen mit sehr frommen belgischen Juden an. Nach der üblichen Prozedur für Ankömmlinge erlaubte Lehmann, am Abend von *Jom Kippur* auf dem Appellplatz einen Gottesdienst abzuhalten. Unter den Neuankömmlingen waren einige Rabbiner und auch zufällig ein berühmter Geiger namens Weintraub, der vor dem Gottesdienst die Melodie des *Kol-Nidre*-Gebets auf seiner Geige anstimmte. Die Leute brachen in Tränen aus und man konnte sie schluchzen und weinen hören. Danach begann ein Rabbiner mit dem *Kol-Nidre*-Gebet. Es herrschte eine dramatische, tief traurige

Stimmung. Alle Erinnerungen an meine Familie kehrten zurück. Ich war einer Ohnmacht nahe. Über diese Begebenheit schrieb ich eine Postkarte an meine Eltern. Am Tag des *Jom Kippur* mussten alle auf die Baustelle, da es Lehmann nicht möglich war, weitere Zugeständnisse zu machen.

Anfang Oktober hörten die Transporte auf und es war praktisch nur noch Lagerpersonal anwesend. Lehmann sagte mir, das Lager werde in den nächsten Tagen aufgelöst, da es ab jetzt als Lager für russische Kriegsgefangene dienen sollte. Es dürfte der 6. Oktober gewesen sein. Vor mir hatte man schon das ganze Lagerpersonal verschickt, ich war als einziger übrig geblieben.

Wenn ich heute daran zurück denke, so bleibt mir nur die Erklärung, dass Lehmann zwar einen zeitweilig erfolgreichen Versuch unternommen hatte, mich zu schützen, dann aber nicht mehr weiter wusste, was er mit mir anfangen sollte. Er sagte mir, man werde mich in das Lager Neukirch, das ein Nebenlager von Großmasslowicz war, bringen, und ich würde so in der Nähe des Judenältesten Rettig sein.

Ich holte meinen Koffer aus dem Versteck. Er war so schwer, dass ich ihn nicht mit auf den Transport nehmen konnte. Ich band meine Hosen unten zu und steckte die Hosenbeine und Hosentaschen so voll, dass ich fast nicht mehr gehen konnte. Außerdem füllte ich noch die Sanitätstasche. Den verbliebenen Rest ließ ich im Koffer und stellte diesen heimlich im Haus von Lehmann ab.

Reise in die Vergangenheit:
Besuch in Annaberg und Auschwitz

Es sollte mehr als 60 Jahre dauern, bis ich an diesen Ort zurückkehrte. Schweren Herzens hatte ich mich entschlossen, eine Reise in die Vergangenheit zu unternehmen. So besuchte ich am 6. August 2004 Sankt Annaberg und einige Tage später die Stadt Auschwitz.

Annaberg war ja das erste Zwangsarbeitslager, in das ich, meinen Eltern und der ganzen Familie entrissen, eingeliefert wurde. Die Fahrt ging über eben jene Autobahn, die ich zur damaligen Zeit mitgebaut hatte. Man kann sich die Gefühle vorstellen, die mich bei der Erinnerung daran überkamen, wie viel Schweiß und Blut an diesem Autobahnabschnitt kleben.

Das Lager Annaberg ist heute nicht mehr als solches erkenntlich. Auf dem Platz der ehemaligen Baracken wurde eine Baumallee gepflanzt. Es ist nur noch eine kleine Betonfläche vom ehemaligen Fußboden der Küchenbaracke zu sehen und ein Stück Mauerwerk auf einem Sockel der ehemaligen Baracken. Die Holzbaracken wurden nach dem Krieg 1945 von der polnischen Bevölkerung als Brennholz verbraucht. Übrig geblieben ist das Haus, in dem sich die Kommandantur des Lagers befand. Es wurde in der Zwischenzeit mit einem neuen Museumstrakt verbunden. Das Museum selbst ist großzügig angelegt, es zeigt die Geschichte des Krieges zwischen Polen und Deutschland und die Schlacht am Sankt Annaberg. In der drei Kilometer entfernten Ortschaft Bergstadt (Lesnica) befindet sich ein alter jüdischer Friedhof, auf dem einige Zeit lang jüdische Zwangsarbeiter, die verstorben waren oder erschlagen wurden, beigesetzt wurden.

Ich habe vom dortigen Standesamt eine Liste mit Namen der Menschen erhalten, die dort bestattet wurden. Es sind 55 Namen von jüdischen Häftlingen aus Holland, Polen, Belgien, Rumänien, Deutschland, Österreich und Frankreich aufgeführt. Aus dem nahe liegenden Lager Dolna sind 16 jüdische Männer registriert.

Seitlich der Kommandantur stehen drei Kapellen, auf deren Rückseite einige jüdische Zwangsarbeiter beerdigt wurden. Es sind keine Gräber mehr zu erkennen, aber nach meiner Erinnerung wurden sie an dieser Stelle bestattet.

Ich suchte auch die ehemalige Bäckerei der Familie Izbicki, die sich unmittelbar neben der Autobahn befunden hat. Izbicki war ein guter Mensch und hat unter den Häftlingen oft Brot verteilt. Vom Haus dieser Bäckerei stehen nur noch die Grundmauern. Izbicki ist längst verstorben, seine Nachfahren sind weg gezogen. Die Nachbarn, die wir befragten, können sich aber noch gut an das „Judenlager" erinnern.

Der Besuch von Annaberg nach so vielen Jahren fiel mir sehr schwer und belastete mich, aber er war für mich auch von besonderer Bedeutung, hatte mein langer Leidensweg doch hier seinen Anfang genommen.

Als weiteres Reiseziel erreichten wir am 9. August 2004 die Stadt Auschwitz. Zuerst besuchten wir die einzige noch vorhandene, renovierte Synagoge mit Museum im Zentrum der Stadt, die früher eine Talmudschule mit Betsaal war. Ihr Name *Lomdej Mishnajot* besagt, dass in dieser Schule ununterbrochen, also Tag und Nacht, gelernt wurde. Diese Talmudschule wurde 1913 ausschließlich für diesen Zweck erbaut. Mein Großvater Josef Friedmann hat dazu beigetragen, dass dieses Gebäude errichtet und eingerichtet werden konnte. Inzwischen wurde mit Spenden von ehemaligen, gebürtigen Auschwitzern die im Ausland verstreut leben, das Gebäude renoviert und das jüdische Museum *Lomdej Mishnajot* eingerichtet. Die jüdischen Besucher aus der ganzen Welt, die die Gedenkstätte im ehemaligen Lager Auschwitz besuchen, verrichten in diesem Betraum ihre täglichen Gebete und Trauergebete. Es ist die einzige noch vorhandene Betstube von vormals 28 Synagogen und Betstuben in der Stadt Auschwitz.

Ich besuchte auch den neu restaurierten jüdischen Friedhof, der von den Nazis vollkommen zerstört worden war – die Grabsteine lagen zerschlagen und verstreut herum. Bei der Renovierung konnten die Gedenksteine nicht mehr den Grabstellen zugeordnet werden, so hat man die noch vorhandenen Grabsteine in Reihen aufgestellt. Nicht restaurierbare Grabsteine wurden zu einem Monument zusammengefügt. Ich fand auch den Gedenkstein meines 1934 verstorbenen Onkels Josef Jakubowicz, der auf diesem Friedhof beigesetzt ist. Sein Grabstein konnte aus zwei wieder aufgefundenen Teilen zusammengesetzt werden.

Das ehemalige KZ zu besichtigen wäre mir eine zu große emotionale Belastung gewesen, daher besuchte ich lediglich das Archiv, wo mir die Archivarin viele Informationen gab. Nach dem Besuch des Grundstücks, auf dem früher mein Elternhaus gestanden hatte, und des Nachbargrundstücks, auf dem jetzt noch das Haus meiner ältesten Schwester steht, in dem sie mit ihrem Mann und ihren vier Kindern gewohnt hatte, verließ ich die Stadt. In ihr leben heute zwar dreimal so viele Menschen wie zur Zeit des deutschen Einmarschs 1939, aber kein einziger Jude mehr.

Versteckte Schätze
Goldmünzen und Gelbe Rüben

In Neukirch angekommen, übergaben mich die zwei Begleitposten der Schutzpolizei zusammen mit meinem Einlieferungsschein dem wachhabenden Kommandanten Wüst. Dieser fragte mich, als was ich in Annaberg beschäftigt gewesen war, und ich antwortete ihm, ich wäre als Baustellen- und Lagersanitäter eingesetzt gewesen. Er fügte noch hinzu: „Im Lager bestimmt der Judenälteste."

Ich erklärte Wüst, dass ich beim Osteinsatz der Reichsbahn zum Gleisbau eingesetzt war. Darauf meinte er, ich würde bestimmt keine Probleme haben, denn alle im Lager arbeiteten ebenfalls bei der Reichsbahn, und damit hätte ich ja Erfahrung.

Wüst brachte mich zum Eingangstor und wartete auf Lagerkapo Moschke. Dieser sollte mich zum Judenältesten bringen. Plötzlich sah ich einen Mann mit weißer Schürze und Gummistiefeln aus der Lagerküche kommen. Ich erkannte in ihm Hermann Fälscher. Ich rief ihm zu, er möchte doch herkommen. Als auch er mich wiedererkannte, kam er zum Zaun und ich flüsterte ihm durch den Zaun zu, er solle warten, bis ich abgeholt werde, es sei sehr wichtig.

Fälscher war Kunde im Geschäft meines Vaters gewesen. Er besaß in Kattowitz eine Metzgerei mit Wurstherstellung und bezog die dafür notwendigen Därme aus dem Betrieb meines Vaters. Mich kannte er seit meiner Kindheit. Auf die Frage, woher ich käme, sagte ich ihm, aus dem Lager Annaberg. Da kam auch schon Moschke, und Fälscher sagte zu ihm, bevor ich zum Judenältesten gebracht werde, sollte ich erst zu ihm in die Küche kommen und nach einer halben Stunde abgeholt werden. So bekam ich etwas zu essen.

Jetzt hatte ich auch endlich die Möglichkeit, mit meinem Geheimnis heraus zu rücken. Ich teilte Fälscher mit, dass ich Schmuck, Wertsachen, Gold und Valuten besäße. Er meinte, wir müssen alles vorher verstecken, da beim Judenältesten alle Neuankömmlinge gefilzt würden.

Im Magazin, das zur Küche gehörte, leerte ich den Inhalt meiner Hosenbeine, Hosentaschen und meiner Sanitätstasche aus und wir legten alles in einen Margarinekarton. Diesen ließ Hermann Fälscher im Magazin der Küche verschwinden. Nur zwei Goldstücke, die ich für den Judenältesten zurückbehalten hatte, nahm ich mit.

Ich hatte die Erfahrung gemacht, dass in den Lagern alle hinter Wertgegenständen jeder Form her waren. Fälscher sagte mir, wenn ich beim Judenältesten gewesen sei, solle ich zu ihm zurück kommen. Wie verabredet, holte mich Moschke nach der halben Stunde ab und brachte mich zur Schreibstube des Judenältesten. Dessen Helfer waren mit Knüppeln ausgestattet.

Er fragte mich, ob ich Wertgegenstände dabei habe. Hierauf gab ich ihm die zwei Goldmünzen, Zehn-Rubel-Goldstücke. Dann schaute er auf meine Schuhe. Ich trug immer noch meine hochgeschnürten braunen Lederstiefel. „Woher hast du die?" wollte er wissen.

„Von einem belgischen Juden, der sehr krank war und inzwischen gestorben ist", gab ich zurück. Mir waren die Stiefel nur eine Nummer zu groß, ihm mit seinen kleinen Füßen jedoch waren sie viel zu groß, was er sehr bedauerte. Er hätte sie mir sonst wohl abgenommen.

Er erklärte noch, dass er mir vertraue und ich mich beim nächsten Appell bei ihm melden sollte. Dann ließ er mich ohne weitere Durchsuchung abtreten.

Der Lagerkapo brachte mich zu meiner Baracke. Er behandelte mich ausgesprochen freundlich, weil er wohl bemerkt hatte, wie sich der Küchenchef um mich gekümmert hatte. Fälscher wollte wissen, ob ich „gefilzt" worden war. Ich berichtete ihm, dass ich nach der Übergabe der Goldmünzen verschont worden war. Küchenchef Fälscher schlug vor, ich sollte bei ihm in der Küche arbeiten und könnte mir so die Baustelle ersparen. Meine Absicht war aber, auf die Baustelle zu kommen, da ich dort Kontakte herstellen konnte, während ich in der Küche eingesperrt gewesen wäre.

Auch befand sich meine Familie zu dieser Zeit noch in Sossnowicz. Fälscher und ich verblieben so, dass ich – sollte ich auf der Baustelle nicht zurecht kommen – jederzeit auf sein Angebot zurückgreifen könne. Darüber hinaus sollte ich nach der Arbeit zu ihm kommen, um mich verpflegen zu lassen. Fälschers Ziel war, mich in der Kolonne von Kolonnenführer Rosenblatt unterzubringen, denn dieser war als human und hilfsbereit bekannt.

Das Zwangsarbeitslager Neukirch hatte rund 600 Insassen, aufgeteilt in vier Kolonnen. Die Führer hießen Berger, Rosenzweig, Rottenberg und Rosenblatt. Ackermann war Lagerführer der Lager Großmasslowicz und Neukirch. Er besuchte mehrmals wöchentlich das Lager Neukirch, manchmal in Zivilkleidung und manchmal in SA-Uniform. Sein rechter Arm war steif.

61

Beim nächsten Appell meldete ich mich beim Judenältesten, der mich, wahrscheinlich auf Fälschers Fürsprache hin, in die Kolonne Rosenblatt einteilte. Die Baustelle lag zwar nahe beim Lager, was ihr aber nichts an Strenge und Härte nahm. Das Lager wurde, ebenso wie die Baustelle, von der Schutzpolizei bewacht.

Bei meinem ersten Einsatz kam ich morgens zur Baustelle. Dort standen etwa 30 mit Schotter beladene Waggons auf einem Abstellgleis. Sie mussten schnellstens abgeladen werden. Zu diesem Zweck wurden die Männer auf die Waggons verteilt.

Leider hatten sie noch keine Erfahrung, wie man diese Aufgabe am geschicktesten bewältigen konnte. Nachdem ich schon beim Osteinsatz tätig gewesen war, wusste ich, wie man die Sache angehen konnte, ohne sich zu sehr zu plagen. Ich zeigte den Mithäftlingen, dass es am besten war, vom Boden des Waggons aus beginnend den Inhalt herauszuschaufeln. Die Gabel, die man dazu benützte, war sehr gewichtig und schwer zu handhaben. Kolonnenführer Rosenblatt schickte mich deshalb von Waggon zu Waggon, damit ich den Arbeitern die richtige Arbeitstechnik zeigen konnte. Der Meister der Reichsbahnkolonne hieß Werner. Er lief mit einem Knüppel in der Hand – dem abgebrochenen Stiel einer Kreuzhacke – am Bahnstrang entlang, schlug auf die Häftlinge ein und brüllte unentwegt Schimpfworte, weil ihm die Arbeit nicht schnell genug vonstatten ging. Werner hatte auffallend schmale Gesichtszüge mit einer starken Progenie (einem vorgeschobenen Unterkiefer), war sadistisch veranlagt – und alle mussten unter ihm leiden.

Nach einigen Tagen blieb er an meinem Waggon stehen, sah mir längere Zeit bei der Arbeit zu und rief mich dann zu sich. Er fragte mich nach meiner Herkunft.

„Ich komme aus Misslowicz", log ich und fügte hinzu: „Mein Vater hat in den Kohlegruben gearbeitet", worauf er erwiderte: „Das habe ich sofort gemerkt, dass du aus einer Arbeiterfamilie stammst. Du bist die Arbeit gewöhnt. Die Juden, die nur geschachert, gehandelt und gewuchert haben, muss man zur Arbeit heranziehen. In Zukunft wirst du bei mir Kalfaktor (Budenwart)."

Dann erklärte er mir, was ich für ihn zu tun hatte: Meine Aufgabe war, seine Bude rein zu halten und das Holz kaputter Schwellen zu zerkleinern, um damit einzuheizen und den Kaffee zu wärmen. Kaputt gegangenes Werkzeug hatte ich zur Bauleitungsschmiede zur Reparatur zu bringen. Am nächsten Tag fuhr ich mit einer Schubkarre, beladen mit reparaturbedürftigem Werkzeug, zur Schmiede. Dort traf ich einen jungen Burschen, der Messlatten zur Gleisvermessung trug und mit einem HJ-Hemd und einer schwarzen Cordjacke bekleidet war. Er war gehbehindert, starrte mich auffällig an und fragte mich, woher ich käme. Ich kam mit ihm ins Gespräch. Kurz danach sagte er mir, dass wir uns morgen um dieselbe Zeit hier am Platz treffen sollten. Er konnte nicht weiter reden, weil der Bauleiter kam.

Wie verabredet trafen wir uns am nächsten Tag und er erzählte mir, dass er schon seit längerer Zeit die Verhältnisse auf der Baustelle beobacht hätte und ihm besonders aufgefallen sei, wie schlimm man mit den Juden verfährt. Von sich erzählte er, dass sein Vater zur Wehrmacht eingezogen wurde und sein Großvater mütterlicherseits schon 1937 ins KZ Sachsenhausen eingeliefert worden war, weil er aktiver Sozialdemokrat war.

Von den ganzen Vorgängen auf der Baustelle berichtete er auch seiner Mutter, die ihm aufgetragen hatte, zu helfen, so gut es nur ginge, dabei aber extrem vorsichtig zu sein. Er fragte mich nach meinem Arbeitsplatz und kam am Nachmittag dorthin. Dann stellte er sich endlich vor: „Mein Name ist Heinz Feil. Ich komme aus einem Vorort von Breslau."

„Ich bin Josef", erwiderte ich. „Ich schlage vor, wir organisieren etwas. Wir könnten Messlatten und ein Messgerät auf eine Schubkarre laden und damit ins nächstgelegene Dorf gelangen, um dort Lebensmittel zu besorgen", fuhr ich fort.

Am nächsten Mittag, als sich alle Meister in ihren Vesperbuden aufhielten, fragte Heinz den Meister Werner, ob ich ihn kurze Zeit als Hilfe zum Vermessen begleiten könnte. Werner stimmte zu und befahl ihm, mich nach der Arbeit wieder hier abzuliefern.

So schob ich die Schubkarre und Heinz hinkte nebenher. Nach etwa 600 Metern trafen wir an der Straße belgische Kriegsgefangene, die Straßenbauarbeiten verrichteten. Einer der Gefangenen machte eine bittende Geste, die bedeutete, dass er gerne eine Zigarette hätte. Mit Zeichensprache – eine andere Verständigungsmöglichkeit hatten wir nicht – fragte ich nach einer Gegenleistung. Er bot uns zwei Dosen Sardinen aus seiner Hosentasche an. Ich tauschte sie gegen fünf Zigaretten. Mehr hatte ich nicht. Alle im Lager bekamen nämlich 25 Zigaretten pro Woche zugeteilt, die ich als Nichtraucher zum Tauschen verwenden konnte. Viele der Raucher im Lager tauschten ihre spärliche Brotration gegen Zigaretten von Nichtrauchern ein. Die belgischen Kriegsgefangenen bekamen zu dieser Zeit Rot-Kreuz-Pakete, wodurch sie auch über Tauschware verfügten.

Wir liefen weiter und kamen zum ersten Bauernhof im Dorf. Ich sah im Hof einen Mann, der mit einem „P" gekennzeichnet war. Also war er Pole und ich konnte ihn auf Polnisch fragen, ob er Lebensmittel übrig hätte und diese gegen eine Goldmünze tauschen wollte. Sofort brachte er ein Stück Butter, ein Stück Geräuchertes, ein paar Kartoffeln und eine Ecke von einem Brotlaib.

Wir verstauten alles in unserer Schubkarre, legten grüne Blätter oben drauf und kehrten zur Baustelle zurück, wo mich Heinz wieder bei Meister Werner ablieferte. Wir verabschiedeten uns und verabredeten uns gleich wieder für den nächsten Tag. Ich gab ihm ein Stück von der Butter und etwas von dem Geräucherten.

Als Kalfaktor von Werner wusste ich, dass seine Tagesration an Essen, die er sich zur Arbeit mitbrachte, nur aus zwei Scheiben dünnem Brot und einer Flasche Kaffee-Ersatz bestand. Ich öffnete eine Dose Sardinen, belegte ein Brot damit und legte es für Werner auf den Tisch. Die zweite Dose, ein Stück von der Butter und ein Stück vom Geräucherten legte ich in seine Vespertasche. Als Werner hereinkam, staunte er über das belegte Brot, worauf ich ihn auf den Rest in seiner Vespertasche hinwies. Nach dem Blick in die Tasche glänzten seine Augen vor Freude, und ich glaube, es war das erste Mal, dass ich ihn so sah. Er bedankte sich sogar bei mir und aß das Brot mit Genuss.

Als ich von der Baustelle ins Lager zurückkam, erzählte ich Fälscher meine Erlebnisse vom Tag und bat ihn, mir eine Goldmünze aus dem Versteck zu holen, die ich am nächsten Tag brauchen würde. Er brachte mir eine Zwanzig-Schweizer-Franken-Goldmünze und noch zwanzig Zigaretten – für alle Fälle.

Am nächsten Tag traf ich Heinz mit beladener Schubkarre. Dieses Mal meldete ich mich schon selbst bei Werner ab, der mir die Erlaubnis wohl auch deshalb gab, weil er wusste, dass etwas für ihn dabei heraussprang. Bei den Belgiern tauschte ich Dosenfleisch und Schokolade ein. Dem Polen brachte ich die versprochene Goldmünze, worüber er sich sehr freute, und bestellte bei ihm gleich alles, was zu bekommen war: Gelbe Rüben, Kartoffeln, Fleisch, Schmalz, Fett und Speck. Er brachte von jedem etwas. Ich bat ihn noch um ein großes Geschirr, worauf er mir einen großen Waschkessel zum Kochen gab.

Dann schoben wir unsere Schubkarre wieder zurück. In Werners Frühstücksbude versteckte ich die Lebensmittel, ihm gab ich das Dosenfleisch und eine Tafel Schokolade. Ich merkte schon, dass ich mir bei ihm mehr Freiheiten herausnehmen konnte und bat ihn, für den nächsten Mittag Teller mitzubringen, da ich Suppe kochen wollte.

Am Tag darauf brachte er zwei Teller und eine Blechtasse mit, die mir als Schöpfkelle diente. Heinz Feil hatte ich aufgetragen, ebenfalls Teller und Besteck sowie Salz und einen Kartoffelschäler mitzubringen, was er tatsächlich alles von zu Hause herbeiholte.

Ins Lager zurückgekehrt, erbat ich mir von Fälscher einen leeren Blecheimer, den ich am nächsten Tag mit auf die Baustelle nehmen wollte. Mit dem Marmeladeneimer, dem Waschkessel und den versteckten Lebensmitteln kochte ich auf der Feuerstelle in Werners Bude eine deftige Suppe. Mittags servierte ich Werner dann als erstem einen großen Teller voll Kartoffelsuppe. Nach diesem Genuss legte er sich zum Ausruhen auf seine Bank.

Dann holte ich die Häftlinge nach und nach von ihren Arbeitsplätzen weg und gab vor der Bude Kartoffelsuppe aus. Die Aktivitäten mit Heinz wurden systematisch fortgesetzt. So gab es täglich eine Zusatzration zu essen. Mehrmals trafen wir den Polen auf dem Bauernhof nicht an, dann bediente ich mich selbst an der Kartoffel- und Rübenmiete, die vor dem Haus angelegt war. Außerdem suchte ich in der Speisekammer alles Brauchbare zusammen, unter anderem Marmelade und eingeweckte Früchte.

Heinz stand für mich Schmiere, da er ja auch immer einen Teil der Beute abbekam. Meister Werner hat sich mehr oder weniger zurückgezogen und ist nie mehr schlagend und fluchend auf die Häftlinge losgegangen. Ich versprach ihm, auf der Baustelle für den Arbeitsfortschritt Sorge zu tragen. Die meiste Zeit verbrachte er in der beheizten Bude, machte einen ausgiebigen Mittagsschlaf und verhielt sich insgesamt sehr zurückhaltend. Ich ging von Waggon zu Waggon und arbeitete stückweise mit. So verbesserte sich die Leistung der Arbeiter, da sie frei von Angst und Nervosität wurden. Alle merkten schnell, dass sich die Atmosphäre gebessert hatte.

Leider wurde die Lage mit Einbruch des Winters umso dramatischer. Die Männer besaßen weder Handschuhe noch Winterkleidung. Und dann kamen noch Verletzungen durch das Anheben der Gleise hinzu, die viel zu schwer waren. Erkältungen und andere Krankheiten rafften viele Arbeiter dahin.

„Unser" Gleisabschnitt war eine kriegswichtige Verbindung, denn er sollte den Nachschub zur Ostfront gewährleisten. Außerdem fuhr fast alle zwei Stunden ein Lazarettzug mit verwundeten Soldaten, diesmal von der Ostfront kommend, über diese Strecke. So ein Krankentransport machte sich schon immer von weitem durch den starken Äthergeruch, den der Wind voraus trug, bemerkbar. Auf den Waggons und der Lokomotive stand geschrieben: „Räder rollen für den Sieg!"

Ungefähr zu dieser Zeit brach der Kontakt zu meinen Eltern ab. Ich sprach mit Heinz Feil darüber und fragte ihn, ob er bereit wäre, am Sonntag nach Sossnowicz zu fahren. Er meinte, er wolle erst mit seiner Mutter darüber sprechen. Am nächsten Tag teilte er mir mit, dass er höchstens alle paar Wochen auf die Reise gehen würde. Ich gab ihm die Adresse meiner Eltern. Für den Fall, dass er sie nicht antreffen würde, sollte er stattdessen mit der Straßenbahn nach Bendsburg, wo meine älteste Schwester mit ihrer Familie lebte, fahren.

Von Neuankömmlingen im Lager hörte ich von Aussiedlungen in das KZ Auschwitz und von der Errichtung eines geschlossenen Ghettos in Strodulla, einer Vorstadt von Sossnowicz.

Heinz fuhr zu meiner Familie, richtete Grüße aus und brachte einen Brief meiner Mutter mit. Sie schrieb: „Halte Dich tapfer!" Kein schlechtes Wort über ihre Verhältnisse. Aus Freude und als Dank schenkte ich Heinz eine goldene Uhr aus dem Versteck von Fälscher. Danach besuchte Heinz bis Ende Juli 1943 noch einige Male meine Familie.

Eines Tages kam er mit der Hiobsbotschaft zurück, dass er dieses Mal zu meiner Schwester nach Bendsburg fahren musste, weil er die Wohnung meiner Eltern und die ganze Straße leer vorgefunden hatte. Meine Schwester, der Schwager und ihre vier Kinder erzählten unter Tränen, dass die Eltern ins Vernichtungslager Auschwitz gebracht worden waren. Heinz tröstete meine Schwester mit der Nachricht, dass es mir gut ginge und dass wir in Kontakt seien. Dann gab sie ihm einen Brief für mich mit. Das war die letzte Fahrt, die Heinz für mich unternahm.

Erst jetzt wurde mir bewusst, dass Auschwitz den sicheren Tod für meine Eltern bedeutete. Was bald mit der Familie meiner Schwester passieren würde, konnte ich mir ebenfalls ausrechnen. Ich bekam Alpträume, die Nächte wurden mir zur Qual und ich konnte nicht mehr schlafen. Meine Gedanken drehten sich oft im Kreis und zeitweise war ich völlig apathisch. Wofür und vor allem für wen sollte ich weiter leben? Ich war doch an Vaters Stelle zum Arbeitseinsatz gegangen. Nun waren meine Eltern nicht mehr da! Tagsüber war ich freilich durch die Arbeit und die besondere Wachsamkeit, die für das „Organisieren" immer notwendig war, abgelenkt.

Ende September 1943 erklärte mir Werner, dass Lager und Baustelle bald aufgelöst werden würden. Als ich dies Fälscher mitteilte, erschrak er sehr. Er machte sich Sorgen um seinen Job als Küchenchef und fragte sich, wo er danach wohl hin kommen würde. Ich sprach mich mit ihm wegen des versteckten Schmucks und der Goldmünzen ab und beschloss, einen Teil mitzunehmen und Fälscher den Rest zu überlassen.

Vier Tage später wurde die Auflösung des Lagers sowie die Verteilung der Insassen auf andere Lager offiziell bekannt gegeben. Fälscher hatte schon von seiner Verlegung und der des gesamten Lagerpersonals nach Großmasslowicz gewusst.

Wohin mich die Versetzung bringen würde, war noch nicht bekannt. Ich fragte mich, wie ich die Goldmünzen zum Mitnehmen verstecken konnte. Die Uhren konnte ich ja sowieso nicht mitnehmen, da sie viel zu umständlich unterzubringen gewesen wären. Bei meinen in Annaberg ergatterten Lederstiefeln trennte ich die Naht zwischen Oberleder und Lederfutter auf und steckte dort so viele Goldmünzen wie nur möglich hinein. Was nicht in die Stiefel passte, verteilte ich an Mithäftlinge aus meiner Baracke.

Nach zwei Tagen bekamen wir beim Morgenappell den Befehl, nicht mehr zur Baustelle, sondern direkt zum Bahnhof Mochbern zu marschieren. Es war Sonntagmorgen, so dass nur wenige Zivilisten auf den Straßen unterwegs waren. Wir marschierten unter der Bewachung einer Postenkette der Schutzpolizei, wurden in Personenzüge gesetzt und nach Markstadt gefahren. Es fiel mir schwer zu gehen, da die Stiefel durch das viele Gold so schwer waren, dass ich die Füße kaum heben konnte.

„Zucht und Ordnung"
Prügel und Schinderarbeit

Nach ungefähr einer Stunde hielt der Zug zunächst auf einem Nebengleis des Breslauer Bahnhofs, fuhr aber bald weiter nach Markstadt. Dort stiegen wir auf dem kleinen Bahnhof aus. Wir wurden abgezählt und marschierten anschließend in Richtung Lager.

Dort empfing uns der Judenälteste zusammen mit mehreren seiner Lagerkapos. Alle waren mit Knüppeln bewaffnet und hatten weiße Armbinden als Erkennungszeichen. Der Judenälteste trug unter anderem einen Ledermantel, eine Ledermütze und schwarze, hochglanzpolierte Stiefel. Der Appell fand auf einem großen, aus gestampfter Erde bestehenden und mit vielen Pfützen übersäten Platz statt. Wie beim Militär mussten wir uns in Reih und Glied aufstellen. Währenddessen schlugen die Kapos wahllos auf die Männer ein.

So wurde uns schlagartig bewusst, dass es am besten war, sich sofort und akkurat in Reih und Glied aufzustellen. Anschließend kam der Wachhabende der Schutzpolizei – er hieß Wüst – und stellte sich neben den Judenältesten. In sehr strengem und hartem Ton machte er uns klar, wie wir uns im Lager zu verhalten hatten: „Hier herrscht Zucht und Ordnung! Jede Nachlässigkeit wird streng bestraft!", schrie er uns an. Nach dieser Unterweisung ließ er uns abtreten, aber nur um eine Sekunde später „Neu aufstellen!" zu brüllen. Das ging einige Male so.

Nachdem wir abgezählt waren und der Lagerschreiber seine Liste verglichen hatte, wurden wir im Laufschritt in die Baracken getrieben. Jeder, der nicht schnell genug lief, bekam den Knüppel gnadenlos übergezogen. Man verteilte uns auf verschiedene Baracken. Ich landete in der letzten, nahe beim Stacheldrahtzaun. Jede Baracke war in mehrere Stuben à 30 Mann aufgeteilt.

Das ganze Lager bildete eine reine Barackenstadt mit insgesamt mehr als 5000 Häftlingen. Jenseits des Zauns befanden sich noch drei oder vier Baracken, die extra eingezäunt waren. Dort waren die etwa 100 Frauen untergebracht, die in der Küche, im Schälraum und in der Nähstube eingesetzt wurden. Erst wenn die Männer zu den Baustellen gegangen waren, ließ man die Frauen in das Männerlager hinein.

Uns wurde ein Stubenältester zugeteilt, der für Ordnung und Sauberkeit zuständig war. Am nächsten Morgen weckte man uns um 4.30 Uhr mit

Trillerpfeifen. Zwei bis drei Mann blieben in den Baracken, um diese zu reinigen; die anderen wurden ins Freie gejagt. Nach der Reinigung musste der Stubenälteste die Baracke zusammen mit einem Schläger inspizieren, und wenn dieser nur die kleinste Unreinheit entdeckte, machte er seinem Namen alle Ehre. Nach dieser Prozedur wurden Essenskarten ausgeteilt, mit welchen man sich in Schlangen vor der Essensausgabe anstellte.

Die Sonntage waren am schlimmsten, da der Judenälteste diese für seinen Extradrill benutzte. Dazu gehörte unter anderem das Abschaben der Bettpritschen mit Glasscherben und das Abschleifen des Tisches, wie er in jeder Stube stand, mit Glaspapier.

Etwa alle zwei Stunden gab es einen Lagerappell, bei dem der Judenälteste zeigen wollte, wie schnell er diesen zustande brachte. Man musste alles stehen und liegen lassen und im Laufschritt zum Platz eilen. Auf dem Weg zum Appellplatz standen die Lagerkapos mit Peitschen und Knüppeln Spalier und trieben die Männer an. Die Aufstellungsordnung war die gleiche wie beim Morgenappell: Jeweils fünf Mann hintereinander, Aufstellung in Reih und Glied und Strammstehen. Besonders das „Mützen ab" wiederholte der Judenälteste mehrmals, bis jeder Gefangene seine Mütze im Gleichtakt an die Hose schlug, was sich bei so vielen Menschen wie ein Trommelschlag anhörte.

Die Schläge und der Drill gingen weder auf einen Befehl der Lagerleitung noch auf eine Anweisung der Wachführung zurück. Anschließend inspizierte der Judenälteste zusammen mit zwei Lagerkapos die Aufstellung. Jeder, der nicht genau deckungsgleich hinter seinem Vordermann stand, bekam eins mit dem Knüppel übergezogen.

Die Wachmannschaft in Marktstadt bestand aus einer Formation der „Blauen Polizei", die vom Leiter der Polizei und von SS-Obersturmbannführer Lindner für die Bewachung der Zwangsarbeitslager in Schlesien ausgebildet worden war.

Nach der Rückkehr von den Baustellen und der Abmeldung beim Judenältesten stellte man sich mit der Essenskarte bei der Essensausgabe der Küche für einen Teller Suppe an, die hauptsächlich aus Wasser bestand. Oft dauerte es bis zu zwei Stunden, bis man seine Suppe bekam. Dann musste man sie aber geradezu hinunterschlingen, weil die leeren Teller sofort wieder zurückgegeben werden mussten.

Manche Häftlinge versuchten sich absichtlich am Ende der Reihe anzustellen, weil der obere Teil der Suppe fast nur aus Wasser und trockenem Gemüse bestand und sie darauf hofften, etwas fettere Brocken vom Boden der Suppe abzubekommen. Manchmal gab es dazu ein paar Pellkartoffeln. Dafür musste man die Mütze hinhalten, in die unabgezählt einige Kartoffeln geworfen wurden.

Von Zeit zu Zeit filzten die Kapos die Männer bei der Rückkehr von der Arbeit. Fand man nur eine Rübe oder ein paar Kartoffeln, dann bedeutete dies eine harte Strafe, wie etwa 25 Schläge auf den nackten Hintern. Nach so einer Strafe wurde der Häftling meist bewusstlos aus der Stube getragen und musste trotzdem am nächsten Tag wieder zur Arbeit antreten.

Der Judenälteste hieß Baruch Meister und stammte aus einer guten oberschlesischen Familie. Bis zum Ausbruch des Krieges war er Berufsoffizier in der polnischen Armee gewesen.

An einige der Lagerkapos kann ich mich namentlich erinnern: Bosack, Herschel, Moch, Meuschel Machtinger. Sie waren die grausamsten Schläger.

Mit Machtinger war ich schon im Lager Annaberg zusammengewesen, wo er allerdings noch keine Funktion gehabt hatte. Von Beruf war er Schäftemacher und Schuster. Er hat damals im Lager polnische Offiziersstiefel angefertigt. Als ich in Annaberg von Lehmann einige Male die Erlaubnis erhielt, meine Eltern in Sossnowitz zu besuchen, bat mich Machtinger, ihm einige Werkzeuge aus seinem Elternhaus, die er für die Anfertigung der Stiefel brauchte, mitzubringen. Ich traf seine Eltern tatsächlich an und brachte ihm seine Werkzeuge.

Im Lager Markstadt war er Lagerkapo und war außerdem Boss der Schusterei, in der man Schuhe reparierte und die Stiefel für die Kapos und den Judenältesten herstellte. Ich überlegte, ob ich ihn bei seiner jetzigen Stellung an früher erinnern sollte. Dies tat ich bei einer günstigen Gelegenheit und fragte ihn, ob er sich noch an das Lager Annaberg und an mich erinnern könnte.

„Ich kann mich an dich erinnern. Und jetzt geh weiter", sagte er zu mir. Sonst fand kein weiterer Wortwechsel zwischen uns statt. Trotzdem verschonte er mich seitdem öfters vor Schlägen und anderen Schikanen.

Beim Morgenappell wurden die Häftlinge in verschiedene Arbeitskolonnen eingeteilt. Ich kam zur Firma „Beton und Monier". Dort war eine wahre

Schinderarbeit zu absolvieren: Man musste Zementsäcke, die in einer Zementhütte gelagert waren, zur Betonmischmaschine tragen. Zwei Mann nahmen vom Stapel in der Hütte jeweils einen Sack Zement und legten ihn auf den Rücken eines dritten Häftlings. Dieser musste den Sack etwa 50 bis 60 Meter über den Platz bis zur Maschine schleppen, wo wieder zwei Männer den Sack von seinen Schultern nahmen. Das ging so im Gänsemarsch den ganzen Tag.

Wenn einem der Sack runterfiel und aufplatzte, schlugen die Meister der Firma mit Knüppeln auf den Häftling ein. Bis zum Abend hatten alle Häftlinge graue Gesichter vom Zementstaub, groteske Masken, in denen nur noch Augen und Münder erkenntlich waren. Die Lippen waren aufgeplatzt und die Atmung ging schwer vor lauter Zementstaub in der Lunge. Es war eine Tortur, die ich nicht mehr lange durchstehen würde, das wusste ich. Nur Dank meiner Kraftreserven hatte ich überhaupt so lange durchgehalten.

Bis zu diesem Zeitpunkt hatte ich bei all meinen Arbeitsplätzen eine gewisse Bewegungsfreiheit gehabt und konnte mich in den jeweiligen Situationen immer irgendwie arrangieren. Hier jedoch war ich in ein aussichts- und gnadenloses Todeskommando geraten. Zwei Wochen schuftete ich schon, als zufällig der Kolonnenführer Baruch Vogel von der Firma Schallhorn vorbeikam. Ich kannte ihn aus Auschwitz und sprach ihn an. Er sagte mir zu, mich für eine leichtere Arbeit hier herauszuholen.

Beim Morgenappell musste man sich nach Firmenzugehörigkeit aufstellen. Der Kolonnenführer brachte die jeweilige Kolonne zu den Firmen. Abends musste jede Kolonne beim Einmarsch vor der Schreibstube des Judenältesten Halt machen. Dieser wartete gemeinsam mit dem Lagerschreiber Zittermann, um die Meldungen des Kolonnenführers entgegenzunehmen. Diese Prozedur ging militärisch zackig und in scharfem Ton vor sich. Schließlich drehte es sich darum, wie viele Mann lebendig heim kamen und wie viele tot zurückgetragen wurden!

Nach einigen Tagen rief mich der Lagerschreiber bei eben diesem Appell auf, aus der Reihe hervorzutreten. Die ganze restliche Kolonne marschierte weiter Richtung Lager, nur ich stand ganz allein neben der Schreibstube, ohne eine Ahnung davon zu haben, was mit mir geschehen sollte. Mir war angst und bange und mir schlotterten die Knie, als ich nach einer halben Stunde noch immer ahnungslos wartete.

Endlich kam der Befehl, dass ich mich morgen in der Kolonne der Firma Hell & Köhler anstellen solle. Schließlich kam der Befehl zum Abtreten. Dies geschah offensichtlich auf Initiative von Baruch Vogel. Also stellte ich mich am nächsten Morgen in der Kolonne der Firma Hell & Köhler auf. Diese Firma war in Mödling, einem Ort bei Wien, ansässig und sorgte für die Abdeckung der Dächer der Krupp-Werkhallen mit Asbestplatten.

Der Bauleiter und die Meister, die aus Wien stammten, waren sehr gütige und hilfsbereite Menschen. An ihrem Gesichtsausdruck konnte man erkennen, dass sie mit der brutalen Behandlung der Häftlinge nicht einverstanden waren. Zähneknirschend und kopfschüttelnd mussten sie die Schikanen, die sich auf der Baustelle zutrugen, mit ansehen.

Der Bauleiter hieß Hautmann, die Meister Binder und Weiß. Sie waren verschwägert. Vierzig tschechische und dreißig jüdische Häftlinge arbeiteten in dieser Kolonne zusammen. Die Tschechen wurden nicht eingesperrt und wohnten neben dem Judenlager in Baracken, die nicht eingezäunt waren. Sie hatten alle paar Wochen die Möglichkeit, für ein paar Tage zu ihren Familien nach Hause zu fahren. Die jüdischen Häftlinge arbeiteten beim Transport. Sie luden Asbestplatten aus den Bahnwaggons aus, schleppten sie zu den Aufzügen und transportierten sie zum Verlegen auf die Dächer.

Meister Binder redete nicht viel. Weiß, sein Schwager, war hingegen viel redseliger und aufgeschlossener. Er fragte, ob ich nicht Interesse daran hätte, zu lernen, wie man die Platten auf den Dächern verlegt. Ich bräuchte dann keine Platten mehr zu schleppen. Die Arbeit wäre zwar gefährlicher, insgesamt aber leichter. Schließlich erklärte ich mich einverstanden und kam zu den Tschechen auf das Dach. Sie zeigten sich mir gegenüber sehr hilfsbereit, brachten mir genügend zu essen und behandelten mich sehr freundlich. Nach einigen Tagen schaute sich der Bauleiter Hautmann die Arbeiten auf dem Dach an, wobei er sich in seinem starken Wiener Dialekt nach meiner Herkunft erkundigte und mir gleichzeitig meine sehr ordentliche Arbeit bescheinigte. Er teilte mir auch mit, dass ich in der Mittagspause in seine Bude kommen sollte.

Bauleiter Hautmann war als erstes neugierig, zu erfahren, wie ich in meinem jugendlichen Alter – ich war gerade einmal 17 – zu dieser schweren Arbeit gekommen war. Außerdem fragte er mich, wo mein Heimatort sei und wie lange ich schon im Arbeitslager wäre. Er erkundigte sich auch nach meiner Familie und ich erzählte ihm alle Einzelheiten. Sogar, dass ich es nur einer gefälschten, mich vier Jahre älter machenden Geburtsurkunde verdankte, dass ich hier war. Und dass ich so der Deportation der anderen jüdischen Kinder entgangen war.

Hautmann erzählte mir von Wien, seiner Heimatstadt, und von seinen Nachbarn, einer jüdischen Familie, mit der er einen freundschaftlichen Umgang gepflegt hatte. Die Söhne beider Familien waren sogar Klassenkameraden.

Auch diese Familie wurde eines Tages deportiert. Keiner wusste, wohin. Hautmann sah auch die Grausamkeiten, die jüdische Häftlinge erleiden mussten und denen er hilflos gegenüber stand.

Mir sprach der Österreicher Mut zu und bestärkte mich in der Hoffnung, dass dieser schlimme Zustand nicht ewig so bleiben würde. Hautmann bot mir auch an, für ihn tätig zu werden. Das bedeutete, seine Bude in Ordnung zu halten. Dadurch musste ich seltener auf das Dach, um die gefährliche Arbeit des Plattenverlegens auszuführen. Diese Arbeit war vor allem deshalb so schwierig, weil man immer nur auf der stabilen Holzspanne auftreten beziehungsweise laufen konnte. Bei einem versehentlichen Fehltritt brach die Platte durch und man stürzte 22 Meter in die Tiefe, direkt auf den Betonboden. Zu meiner Zeit kamen zwei Mithäftlinge, Jakob Helfer und Schlomo Führer, durch einen solchen Fehltritt ums Leben. Beide waren religiöse Juden gewesen, die auch unter diesen erschwerten Lebensbedingungen jeden Tag die vorgeschriebenen Gebete in der Frühstücksbude verrichtet hatten.

In den nächsten Tagen war ich in Hautmanns Bude tätig. Von ihm bekam ich auch Obst, das aus seinem eigenen Garten stammte. Alle vierzehn Tage fuhr er übers Wochenende nach Hause und brachte vielerlei Früchte mit. Oft kamen wir miteinander ins Gespräch, woraus sich langsam ein Vertrauensverhältnis entwickelte.

So hatte ich endlich die Möglichkeit, die Goldstücke aus dem Lager Neukirch, die ich noch immer im Futter meiner Stiefel versteckt hielt, hervorzuholen. Hautmann sah mir beim Ausleeren kopfschüttelnd zu, während ich ihm die ganze Geschichte erzählte. Zusammen versteckten wir das Gold in seiner Bude. Bei dieser Gelegenheit schaute er sich auch meine Stiefel genauer an und kam zu dem Schluss, dass sie eine Reparatur dringend nötig hatten. Er besorgte für mich andere Schuhe als Ersatz und ließ die meinigen neu besohlen.

In meiner Lebenssituation waren gute Stiefel unendlich viel wert. Aber dadurch zog ich auch den Neid der anderen auf mich, was durch meine freundschaftliche Beziehung zu Hautmann noch verstärkt wurde.

Einer war der Kolonnenführer Josef Fischl. Um ihn freundlich zu stimmen, teilte ich öfters mein Obst und andere von mir organisierte Lebensmittel mit ihm. Insgesamt war dieser Fischl ein feiner Mensch, der, anders als die üblichen Schlägertypen, niemandem wirklich etwas zu Leide tat.

In meiner neuen Situation konnte ich mich, ähnlich wie früher, etwas freier auf der Baustelle bewegen. So traf ich auf französische, belgische und englische Kriegsgefangene, auf Zwangsarbeiter aus Polen, der Tschechei und der Ukraine. Unter anderem waren auch italienische Kriegsgefangene im Lager, die sich unter General Bardoglio geweigert hatten, an der Ostfront zu kämpfen. Sie trugen noch ihre italienischen Uniformen. Von Hautmann erfuhr ich, dass es sich um Deserteure handelte.

Die Häftlinge und Zwangsarbeiter wurden vom Arbeitsdienst angefordert. Für die Zuteilung zuständig war wie immer der Sonderbeauftragte Hausschild. Aus verschiedenen Lagern wählte er sich die Leute aus, die dem Augenschein nach noch bei einigermaßen guter körperlicher Verfassung waren. Firmen, die Zwangsarbeiter zugeteilt bekamen, waren Grün und Bilfinger, Beton und Monier, Wayss und Freitag, Schallhorn, Glaza-Bauring, Kreuz und Lösch, Bassov, Hell & Köhler, die Deutsche Reichsbahn (DRG) und andere.

Die Baustelle war ein wahres Mammutunternehmen. Außer den 5000 Juden waren hier mehr als 30000 Fremdarbeiter und einige tausend Reichsdeutsche beschäftigt. Insgesamt arbeiteten etwa 45000 Männer auf der gesamten Baustelle. Sie alle waren mit einem Rüstungswerk der Firma Krupp beschäftigt, das Flugabwehrkanonen herstellen sollte.

Die Firmen, die an dem Bau beteiligt waren, unterhielten für ihre Arbeiter eine Werkküche. Alle, außer den Juden, erhielten ein warmes Mittagessen. Jedes Mal, wenn wir den Essensduft aus den Firmenküchen wahrnahmen, wurde uns noch schmerzhafter bewusst, dass wir mit einer kargen Verpflegung, die aus 300 Gramm Brot und einem Teller Suppe bestand, überleben mussten.

Oft konnten sich die Hungrigen nicht mehr beherrschen und stahlen aus der Kantine Kartoffeln oder Rüben – alles, was sich mitnehmen ließ. Natürlich wurden sie manchmal dabei erwischt. Hatten sie Glück, ließ man sie noch einmal laufen. Wurde aber eine Anzeige erstattet, dann hielt man die Diebe auf dem Appellplatz fest und bestrafte sie mit 25 oder 50 Schlägen auf das nackte Gesäß. Es konnte auch passieren, dass eine ganze Kolonne eine Kollektivstrafe bekam, nach dem offiziellen Befehl zum Wegtreten noch einige Stunden weiter stehen bleiben musste und peinlich genau durchsucht wurde. Oft mussten sich dabei alle nackt ausziehen, denn man trug Rüben und Kartoffeln eng an den Leib gebunden. Solche Leibesvisitationen dauerten stundenlang. Danach wankte man nur noch todmüde zur Bude.

In der Zeit, in der ich auf dem Dach arbeitete, hatte ich einen guten Überblick über die Baustelle. So konnte ich die Geschehnisse gut verfolgen. Ich sah, wie man Häftlinge bei der Schwerstarbeit quälte. Jeden Tag gab es neue Tote durch Erschöpfung oder durch die zusätzlichen Misshandlungen. Jede Kolonne musste ihre Toten selber ins Lager zurückbringen, damit die Zahl der Zurückgekehrten mit der Zahl derjenigen, die das Lager am Morgen verlassen hatten, überein stimmte. Alle paar Tage kam ein Heuwagenfuhrwerk ins Lager, um die Toten abzuholen. Wohin man sie brachte, wusste niemand.

Eines Tages kamen neue Häftlinge an, etwa 300 französische und belgische Juden. Ein Mann namens Leon Aron wurde zum Kolonnenführer bestimmt. Er war gebürtiger Ungar, hatte viele Jahre in Antwerpen gelebt und sprach französisch. Die Kolonne arbeitete bei der Firma Bassov, die für den Bau der Baracken außerhalb des Stacheldrahtzauns zuständig war. Diese Baracken dienten den Fremdarbeitern auch als Unterkunft.

Nach einigen Wochen gelang es Leon Aron, aus dem Lager zu flüchten. Daraufhin ordnete der Judenälteste Strafübungen für alle Häftlinge an. Nach der Rückkehr von der Baustelle ließ man die Männer Kniebeugen, Liegestütze und Rollen auf dem Appellplatz machen. Dieser bestand eigentlich nur aus Pfützen, Dreck und Schlamm. Die Männer waren vom Tageseinsatz schon wie erschlagen. Konnten sie dem Kommando der Strafübungen nicht folgen, dann schlugen die Kapos auch noch mit Knüppeln auf sie ein. Die anschließende Essensausgabe verzögerte sich fast bis Mitternacht. Diese ganze Tortur diente der Abschreckung.

Nach dem Krieg traf ich Aron in Nürnberg, wo er sich niedergelassen hatte. Er erzählte mir von seinem Versteck auf dem jüdischen Friedhof in Breslau und die Rettung durch eine ältere Dame, die ihn in ein Versteck brachte, wo er das Kriegsende unbeschadet abwarten konnte. Aron war in Nürnberg bekannt, da er Besitzer mehrerer Kinos war. Später ging er nach Israel, wo er auch starb.

Ich führte täglich Gespräche mit Hautmann, der sich mit meiner Arbeit zufrieden zeigte. Ich war glücklich, von ihm betreut zu werden. Auch durch die tschechischen Fremdarbeiter erfuhr ich viel Hilfe. Sie steckten mir Essen zu, und ich verteilte es unter den jüdischen Häftlingen, die in meiner Kolonne waren.

Mein Stubenältester Genek Benzinsky bemerkte eines Tages, dass ich seit längerem meine Lagerration anderen Häftlingen zusteckte. Er zeigte mich daraufhin an, und als wir eines Abends von der Baustelle zurückkamen, erhielt ich den Befehl, zu warten. Ich stand etwa eine Stunde auf dem Appellplatz, bis mich der Kapo Bossak in eine Baracke holte.

Dann kam der Judenälteste mit dem Lagerkapo Herschel Moch und wollte wissen, warum ich meine Essensration weggebe. Ich sagte ihm, dass mir die tschechischen Mitarbeiter auf der Baustelle Verpflegung geben. Ich wollte Bauleiter Hautmann nicht verraten. Wir sprachen polnisch miteinander, und er sagte: „Da kann etwas nicht stimmen" und gab den beiden Kapos ein Handzeichen, woraufhin mich die beiden auf eine „Ziege" warfen und mit Knüppeln auf mich einschlugen. Nach einiger Zeit – ich weiß nicht mehr, wie lange – fragte er mich, ob ich schon weich geworden sei, und ob ich jetzt endlich die Wahrheit sagen würde.

„Ja, das ist die Wahrheit," sagte ich ihm. Also warfen sie mich nochmals auf die „Ziege" und droschen weiter auf mich ein. Ohnmächtig und mit zerschlagenem Kreuz warfen sie mich vor die Bude. Zwei vorbeikommende Häftlinge hoben mich auf und trugen mich zum Krankenrevier. Der Lagerarzt Doktor Gutentag verabreichte mir Schmerztabletten, versorgte meine Wunden und gab mir den Rat, mich nicht krank schreiben zulassen. Es war nämlich gefährlich, länger als eine Woche arbeitsunfähig zu sein, denn arbeitsunfähige Häftlinge wurden „abgeholt" und jeder wusste, wohin es ging: ins Krematorium!

Vom Krankenrevier schickte ich einen Häftling in meine Stube und bat zwei Kameraden, Kochmann und Jasny, mich abzuholen. Sie trugen mich auf unsere Stube, wo mich der Stubenälteste Benzinsky mit zynischem Lächeln empfing und mich fragte, ob es weh getan hätte. Meine Antwort lautete: „Dafür wirst du noch teuer bezahlen!"

Am nächsten Morgen haben mich die beiden Kollegen unter den Armen gestützt und erst zum Appellplatz gebracht und danach auf die Baustelle. Als wir dort ankamen, schlugen Hautmann, Meister Weiß und Binder die Hände zusammen und fragten, was passiert war. Ich erzählte ihnen den ganzen Hergang, und Hautmann schaute sich meine Wunden an. Dann sagte er, er werde versuchen, einen Baustellenarzt herzubringen. Nach etwa zwei Stunden kam er mit einem Arzt, der meine Wunden versorgte und mir anschließend ein Gipskorsett anlegte. Dieses musste ich sechs Wochen lang tragen. Man verschonte mich von jeder Arbeit, ich bekam reichlich Verpflegung und man brachte mir schmerzlindernde Mittel.

Das schwerste für mich war, jeden Morgen den Fußweg zur Baustelle und abends zurück ins Lager zu marschieren. Zwei Kollegen stützten mich auf diesem beschwerlichen Weg. Normalerweise durfte ein Arzt keinen jüdischen Häftling behandeln. Wie Hautmann es fertig brachte, dass ich vom Baustellenarzt versorgt werden durfte, war mir ein Rätsel. Der Arzt war eigentlich für Unfälle und ähnliche Notsituationen auf der Baustelle zuständig. Jüdische Häftlinge brachte man ins Krankenrevier des Lagers. So wurde die Baustelle für mich zum Erholungsort, ganz im Gegensatz zum Lager, wo die ständige Angst vor Schikanen und Misshandlungen das Leben zur Hölle machte.

In der Verlängerung der Lagerstraße wurden noch weitere acht Baracken aufgestellt. Damit stieg die Zahl der Häftlinge auf 6000. Bald kam ein Transport jüdischer Häftlinge aus dem Lager Ludwigsdorf an. In diesem Lager produzierte man Munition. Das erklärte die gelb verfärbte Haut der Gefangenen – eine Folge der giftigen Chemikalien, mit denen sie dort hantierten. Im Lager erschrak jeder, der die „gelben Männer" sah. Die acht Baracken nannte man „Abessinien", weil die Männer Muselmänner (ausgedörrte Männer) waren und bis auf Haut und Knochen abgemagert waren.

Es sprach sich herum, dass in Fünfteichen ein KZ gebaut werde. Kurz danach sah ich in den fertig errichteten Krupp-Hallen Häftlinge, die aus Auschwitz kamen, an den Maschinen arbeiten. Die Tore waren versperrt und vom Werkschutz bewacht, damit kein Mensch Kontakt mit diesen Häftlingen aufnehmen konnte. Sie waren mit Sträflingsanzügen bekleidet.

Nach etwa sechs Wochen wurde mein Gips abgenommen. Ein Tscheche namens Wojtik, der früher Medizinstudent gewesen war und aus Mährisch Ostrau stammte, sägte mit einer Handsäge den Gips durch. Die Wunden waren nicht verheilt, sondern hatten unter dem Gips geeitert. Ich war zwar froh, mich ohne Gips bewegen zu können, andererseits verursachten die Eiterwunden noch lange heftige Schmerzen. Wojtik säuberte mir die Wunden regelmäßig und versah sie mit Pflastern. Noch Ende 1945 waren Reste der Wunden nicht ganz verheilt und brachen immer wieder auf.

Ende Januar 1944 hörten wir, dass wir ins Konzentrationslager Fünfteichen verlegt werden sollten. Das Zwangsarbeitslager Markstadt sollte aufgelöst werden. Zusammen mit 4000 anderen Häftlingen kam ich ins Lager Fünfteichen, die anderen wurden auf andere Lager verteilt. Es kam eine ärztliche Kommission von SS-Männern, die einen Totenkopf auf der Mütze trugen und die Häftlinge entsprechend ihrer Arbeitstauglichkeit selektierten. Man ließ uns in Hundertschaften antreten, und nachdem man unsere Personalien notiert hatte, marschierten wir los in das fünf Kilometer entfernte KZ Fünfteichen. Der Judenälteste Meister und seine Schläger kamen ins Lager Reichenbach. Erst nach dem Krieg erfuhr ich, dass er dort auch Judenältester war, doch man erzählte auch, dass er sich dort nicht mehr so schlimm aufgeführt habe.

„Du wirst überleben"
Aus Menschen werden Nummern

In Fünfteichen wurden wir der Namensliste nach einzeln aufgerufen. Dann bekam jeder eine Nummer. Jetzt verlor unsere namentliche Registrierung jede Bedeutung, denn hier in Fünfteichen galt nur noch unsere KZ-Häftlingsnummer. Uns wurde jegliche Kleidung abgenommen, auch Unterwäsche und Stiefel. So verlor ich auch meine guten Stiefel, die mir unendlich viel bedeutet und mir in schwerer Zeit geholfen hatten.

Anschließend mussten wir nackt bei Schnee, Wind und Kälte die hundert Meter zwischen der Entkleidungsbaracke und der Waschbaracke auf der Lagerstraße zurücklegen. Dort duschten wir uns und erhielten unsere Sträflingskleidung, zusammen mit Schuhen, die lediglich aus einer mit rauem Stoff bespannten Holzsohle bestanden. Auch bekam jeder von uns seine Häftlingsnummer, die auf Hose und Jacke aufzunähen war. Meine Nummer war die 24327.

Im Lager Fünfteichen befanden sich nicht nur jüdische, sondern auch polnische, russische, tschechische, ukrainische und deutsche Häftlinge. Bei den russischen Gefangenen handelte es sich durchweg um Politkommissare, die in deutsche Gefangenschaft geraten waren.

Die deutschen Häftlinge setzten sich aus Schwerverbrechern, Zuchthäuslern, politischen Häftlingen, angeblichen Saboteuren, Zeugen Jehovas und Homosexuellen zusammen. Alle waren mit dem entsprechenden farbigen Symbol, das vor ihrer Häftlingsnummer angebracht war, gekennzeichnet.

Vor Block 28, der Baracke, der ich zugeteilt war, stand der Blockälteste Rosen und hatte zwei Schemel neben sich stehen. Auf dem einen sitzend musste sich jeder den Kopf scheren lassen, und auf dem anderen wurde ein so genannter Fluchtstreifen ausrasiert.

Vor der Baracke hatte man die Holzschuhe auszuziehen. Man trug sie in der Hand und lief barfuß hinein. In der Baracke war das Gerangel um die unteren Liegeplätze groß, da niemand nach der beschwerlichen Tagesarbeit noch in eine der oberen Pritschen steigen wollte. Ich erwischte eine untere Pritsche. In der Baracke war ein größerer Freiraum, in dem sich der Blockälteste eingerichtet hatte. Die Bettgestelle befanden sich rechts und links in der Baracke.

Im Vorraum wurden die Suppen verteilt, die in Kesseln von der Küchenbaracke aus auf die einzelnen Baracken verteilt wurden. Für diese Arbeit suchte der Blockälteste acht noch einigermaßen kräftige Männer aus, die ihre Aufgabe als Kesselträger immer nach der Arbeit wahrzunehmen hatten. Jeder wollte natürlich Kesselträger sein, denn was mit der Schöpfkelle nicht ausgeschöpft wurde, konnten die Kesselträger schließlich selber noch auslöffeln.

Außerdem gab es noch zwei Männer, die man zu Stubenältesten bestimmt hatte und die für die Sauberkeit in der Stube verantwortlich waren. Sie teilten jeden Morgen die tägliche Brotration aus.

Am nächsten Morgen wurde auf dem Appellplatz vom Lagerältesten ausgerufen, dass sich alle Häftlinge entsprechend den Firmen, bei denen sie in Markstadt gearbeitet hatten, aufstellen sollten. Dann wurde abgezählt. Die Häftlinge standen zu fünft in der Reihe.

Die Zählung wurde vom Rapportführer, vom Lagerältesten Nowak und dem Schreiber durchgeführt. Auch wurden die ausrasierten Fluchtstreifen von ihnen kontrolliert. Der Kolonnenführer hielt eine Tafel mit den Namen der Firmen in die Höhe.

Die aus Markstadt eingetroffenen Häftlinge, die in den Baufirmen arbeiteten, wurden „Kommando Speer" genannt. Jene Gefangenen, die bei uns im Oktober 1943 angekommen waren, arbeiteten beim „Kommando Krupp" in den Hallen der Waffenfertigung. Das „Kommando Speer" marschierte erst aus, nachdem das „Kommando Krupp" das Lager verlassen hatte.

Der Kommando-Kapo vom „Kommando Speer" hieß Jakob Österreicher, sein Schreiber Wiener. Die Krupp-Leute hatten ihren eigenen Kommando-Kapo und einen eigenen Schreiber. Sein Name war Otto Schwerdt.

Wir wurden auch wieder von der Postenkette auf unserem Weg zur Baustelle bewacht. Nachdem man dort eintraf, ging jeder zu „seiner" Firma. Auch ich begab mich an meine alte Arbeitsstelle und wurde von allen mit eigenartigen Blicken beäugt: von den Tschechen, von Hautmann und seinen Mitarbeitern, und zwar wegen meines Sträflingsanzugs und des ausrasierten Fluchtstreifens.

Trotzdem war ich froh, dass ich in meine alte Umgebung kam, so konnte ich auch mit dem versteckten Gold weiterhin Tauschhandel betreiben und so mir und vielen anderen das Leben erleichtern.

Bei Hell & Köhler arbeitete ein Häftling namens Elieser Kaiser (Rufname „Leiser") mit mir zusammen, den ich aus Markstadt kannte. Er traf hier seinen älteren Bruder Nachman wieder, der von Auschwitz nach Fünfteichen kam. Nachman war von Beruf Schneider und arbeitete in der Nähstube. Die Lagerältesten Nowak und Krüger, beide Kriminelle, und der Blockälteste ließen sich von ihm „Maßanzüge" anfertigen. Dazu nähte er die Sträflingsanzüge auf Taille, benutzte Säcke als Steifleinen und nähte ein Futter ein. So wurden aus ärmlichen Häftlingskutten passable Kleidungsstücke.

Elieser hatte seinem Bruder Nachman erzählt, dass ich die Möglichkeit hätte, Schnaps zu besorgen. Darauf holte er mich abends nach der Arbeit zu sich auf die Nähstube und erklärte mir, dass wir uns das Leben sehr erleichtern könnten, wenn ich laufend Schnaps organisieren würde. Er machte mich mit dem Lagerältesten Nowak und dem Küchenkapo Ede bekannt. Nowak erklärte, er könne als Gegenleistung nur Tauschware und seinen persönlichen Schutz im Lager anbieten. Er fragte mich, auf welchem Block ich untergebracht sei. Ich sagte ihm: „Bei Rosen, Block 28."

Darauf instruierte er mich, ich solle beim Einmarsch ins Lager nicht auf den Appellplatz gehen, sondern direkt in seine Schreibstube.

Bereits am nächsten Abend brachte ich zwei Flaschen Slivowitz mit ins Lager, die ich tagsüber bei den Tschechen besorgt hatte. Ich musste warten, bis Nowak auf dem Appellplatz fertig war und in seine Stube kam. Er wollte den „Preis" wissen und ich sagte ihm, ich wolle Zigaretten haben.

Darauf gab er mir vier Stangen zu 200 Stück. Die Marke hieß „Brigawa". Er sagte mir, ich könne so viele Zigaretten haben, wie ich benötigte. Dann öffnete er sogleich die Flasche Slivowitz und testete meine Ware. Er war begeistert, klopfte mir auf die Schultern und meinte nur: „Hervorragende Qualität!"

Darauf ging ich zum Küchenkapo Ede und brachte ihm die dritte Flasche Slivowitz. Dieser hatte mir ein Essen vorbereitet: Kotelett mit Bratkartoffeln. Er sagte mir, dass ich sämtliche Produkte, die er auf Lager hatte, gegen Schnaps tauschen könne. In dieser Lagerküche war eine Abteilung, in der für die Wachmannschaft Essen gekocht wurde. Entsprechend umfangreich waren die Lebensmittelvorräte. Dann fragte er mich noch, ob ich ihm ein paar Goldmünzen besorgen könne. Ich hatte ja welche in meinem Versteck, also gab ich ihm ein paar. Dafür bekam ich Butter und Rauchfleisch. Ich nahm diese Lebensmittel mit auf die Baustelle, um sie dort wiederum gegen Schnaps zu tauschen.

Einige Männer aus meiner Kolonne halfen mir, die Produkte aus dem Lager hinaus zu schmuggeln – und dann die Schnapsflaschen, die wir eng um den Körper geschnallt hatten, wieder ins Lager zu bringen. Dafür gab ich ihnen zusätzliches Essen.

Durch diesen Handel gelang es mir, von den Strafübungen, welche die Häftlinge nach der Arbeit auf dem Appellplatz und auf den Blocks zusätzlich erdulden mussten, befreit zu werden. Für alle möglichen Vergehen wurden gleich Kollektivstrafen verhängt, die die reinsten Torturen waren. Dazu gehörte das „Mützen-auf-Mützen-ab"-Kommando sowie Kniebeugen und ähnliche Gemeinheiten. Dieses „Training" galt für den Ein- und Ausmarsch.

Die jüdischen Blockältesten, an deren Namen ich mich noch erinnern kann, waren Urbach, Kannengießer, Ruschinek und Rosen, wobei dieser der Schlimmste war.

Block 31 hatte einen Ältesten namens Stefan, der aus der Ukraine stammte. Er war Antisemit und obendrein ein Sadist. Einige Häftlinge aus diesem Block erzählten mir, dass er es auf die Juden abgesehen habe. Er schrie ständig: „Ihr Schakale, ihr Verbrecher!" Dazu schlug er unentwegt auf die Männer ein. Ich bat den Lagerältesten Nowak, den Ukrainer auszutauschen. An seiner Stelle wurde der Schneider Kaiser Blockältester von Block 31.

Nowak veranlasste Stefans Versetzung in das Strafkommando des Hauptlagers Groß-Rosen, von dem man wusste, dass dort kein Mensch länger als zehn Tage überleben konnte. Unter Stefans Aufsicht gab es nur eine geringe Überlebenschance für jüdische Häftlinge. Unter Kaiser hingegen lebten sie auf, sie küssten ihn sogar, denn er war ein edler Mensch, der niemandem etwas zuleide tat.

Die Lagerältesten Nowak und Krüger waren zwei Deutsche aus Berlin, die als verurteilte Schwerverbrecher dort jahrelang im Zuchthaus gesessen hatten. Beide wurden nach Auschwitz gebracht und bei Eröffnung des Lagers Fünfteichen setzte man sie dort als Lagerleiter ein.

Der Lagerkapo war ein Pole namens Jusek. Er stammte aus Lodz (Litzmannstadt) und war mit Juden zusammen aufgewachsen. Auch er war Antisemit und Sadist, der ebenfalls von Auschwitz nach Fünfteichen kam. Jusek hatte zwar so einen „Riecher", dass ich beim Lagerältesten ein- und ausging, konnte aber nichts gegen mich unternehmen.

Einmal sah ich, wie Jusek einen jüdischen Häftling in ein Holzfass hineinstieß, das als Regenfang an der Barackenecke stand. Er hielt den Häftling so lange kopfunter in die Tonne, bis dieser ertrunken war. Dann zog er ihn wieder heraus und warf den Toten neben die Tonne.

Ich sprach ihn auf polnisch an und fragte: „Warum tust du das?" Er erwiderte nur, ich solle ganz ruhig sein und verschwinden, sonst sei ich das nächste Mal dran. Er war von seiner Statur her ein großer Bulle, ein mit Muskeln bepackter grober Schläger mit stark durchbluteter Gesichtshaut, die sein Gesicht fast blutrot erscheinen ließ. Man konnte seinen Gesichtszügen die Brutalität nicht ansehen.

Öfters war er mit SS-Männern in der Waschbaracke zusammen, wo sie gemeinsam Häftlinge auf die brutalste Art und Weise ermordeten. Das hatte sich im Lager gerüchteweise herumgesprochen, denn es gab eigentlich keine Zeugen, die lebend aus der Waschbaracke herauskamen. Ich wies den Lagerältesten Nowak auf Juseks brutalen Umgang mit den Häftlingen hin und bat ihn, alles zu tun, um dies abzustellen. Darauf erwiderte er nur:

„Junge, Junge! Wir sind hier nicht in einem Sanatorium."

Nowak war damals ziemlich betrunken. Normalerweise war er in diesem Zustand sehr aggressiv und wurde von allen gemieden, zu mir jedoch war er betrunken besonders freundlich. Er lobte mich, schließlich war ich ja sein Lieferant für Alkohol. Er versprach, Jusek darauf anzusprechen und zu versuchen, ihn zu bremsen. Was aus dem Versprechen wurde, konnte ich allerdings nicht verfolgen. Bei einem zufälligen Zusammentreffen mit Jusek grüßte mich dieser, wahrscheinlich als Reaktion auf mein Gespräch mit Nowak.

Nun wurde Ede, der Küchenchef, ausgetauscht. Sein Nachfolger hieß Ludwig. Mit dem Neuen hatte ich den gleichen Kontakt wie mit Ede, nur mit dem Unterschied, dass der Neue nicht so stark auf Alkohol fixiert war. Er tauschte lieber Lebensmittel ein. So besorgte ich für ihn unter anderem Schokolade, Honig und Sardinen von den Kriegsgefangenen auf der Baustelle, die noch immer Rot-Kreuz-Versorgungspakete bekamen. Ich erhielt weiterhin jeden Abend eine warme Mahlzeit. Meine offiziellen Lagerrationen habe ich auch hier an die Mithäftlinge verteilt.

Ende April, Anfang Mai kam ein Transport mit ungarischen Juden aus Auschwitz in Fünfteichen an. Alle hatten KZ-Nummern, die mit den Ziffern 42000 begannen. Die Ungarn wurden auf die Blocks und die Arbeitskolonnen verteilt. Unter ihnen waren nur wenige, die jiddisch sprachen.

Einer kam auf mich zu und sprach mich jiddisch an, las meine Häftlingsnummer von der Brust ab und sagte spontan: „Du wirst überleben! Deine Nummer bedeutet CHAI." Er erklärte mir, die Quersumme meiner Häftlingsnummer 24327 ergibt die Zahl 18. Und die Zahl 18 wird in der kabbalistischen Zahlenmystik mit den Buchstaben *Chet* und *Jod* des hebräischen Alphabets dargestellt. Diese beiden Buchstaben bilden das Wort *Chai*, das in der hebräischen Sprache Leben bedeutet. Dann erzählte mir der Mann, er stamme aus der Stadt Munkatsch, habe die dortige *Jeschiwa* (Talmudhochschule) absolviert und sei als Rabbiner qualifiziert. Wie ich war auch er dem Block 28 zugeteilt und so hatten wir ständigen Kontakt. Er erzählte mir, dass er an hohen Feiertagen in der Synagoge vorgebetet hatte. Dann fing er an, leise und mit viel Gefühl ein Gebet vorzusingen. Rosen hörte den Gesang und holte ihn in seinen Barackenvorraum. Ich begleitete den Sänger. Dann forderte der Blockälteste den Rabbiner auf, ihm vorzusingen, worauf er einige Gebete mit so voller Stimme intonierte, dass sie den Zuhörern durch Mark und Bein gingen.

Mitten in den schäbigen Baracken entstand plötzlich eine eigenartige Atmosphäre, erzeugt durch den Wohlklang einer Stimme, wie man sie sonst nur an hohen Feiertagen in Synagogen und Betstuben zu hören bekam. Er erinnerte mich sehr an meinen Vater, der auch vorgebetet hatte und dessen Stimme stadtbekannt war. Die Tränen liefen mir übers Gesicht, so dass ich meine Fassung kaum wiederfand.

Diese Situation war für mich der Anlass, den Küchenkapo Ludwig, mit dem ich guten Kontakt hatte, um die Zuweisung einer Küchenarbeit für den Rabbiner zu bitten. Weichselbaum war für den Schälraum verantwortlich und Max Schwerdt, der Vater von Otto Schwerdt, war Magaziner für das Lebensmitteldepot. Er half auf seine Weise, so gut es ihm möglich war. Der Rabbiner schälte ab diesem Zeitpunkt die Kartoffeln, die extra für die Wachmannschaft zubereitet wurden. Diese Arbeit begleitete er unentwegt mit Gesang. Wenn ich ihm begegnete, und das kam sehr oft vor, dann segnete er mich jedes Mal mit allen Segenssprüchen, die es gab.

Durch die Küchenarbeit blieb der Rabbiner von allen Schikanen verschont, musste auf keine Baustelle gehen und auch nicht zu den Appellen erscheinen. Er war sehr froh und dankbar, dass ich ihm die Küchenarbeit vermittelt hatte. Ludwig erzählte auch, dass sich durch den Gesang des Rabbiners das Arbeitsklima in der Küche verbessert hätte. Zur Unterhaltung sang der Rabbiner auch ungarische Lieder. Sein Alter schätzte ich auf ungefähr 35 Jahre. Er hatte ein schönes und freundliches Gesicht.

Einem jüdischen Häftling namens Posmantier gelang es, durch seine Schauspielkunst – er stellte sich geisteskrank – zu überleben. Er rezitierte, sang und spielte einen Betrunkenen, und so wurde er öfters von den Kapos aufgefordert, seine Stücke zu spielen, worüber diese sich dann köstlich amüsierten. Einmal hatte ich die Gelegenheit, solch eine Szene mitzuerleben. In der Bude des Lagerältesten traf sich die „Lagerprominenz", während Posmantier auf dem Tisch stand und einen betrunkenen Kutscher mimte, der sein Gespann zum Stehen brachte. Er schaffte das, indem er das Klappern der Hufe und das Bremsgeräusch nachahmte und dabei so tat, als würde er die Zügel führen. Zusätzlich hatte er sich aus Putzwolle und Hanf Schläfenlocken und einen Bart nachgemacht und stand so verkleidet vor seinem Publikum.

Schließlich sagte er auf jiddisch zu seinen Pferden: „Ferdelech lauft, der Schabbes kummt, wio, wio!", was so viel bedeutete, dass sich die Pferde sehr beeilen sollten, da der Sabbat bald beginnen würde. Für diese Show erhielt Posmantier doppelte Verpflegung und man verschonte ihn vor Schlägen.

Nachdem ich von Fünfteichen weggekommen war, verlor ich ihn aus den Augen. Erst nach der Befreiung traf ich ihn in Bergen-Belsen wieder. Er erkannte mich und wir unterhielten uns. Dabei erzählte er mir, den Irren habe er nur gespielt, um zu überleben. Er war so normal wie alle anderen auch.

1951 fuhr ich mit dem Bus durch Jerusalem. In der Nähe des Hauptbahnhofs sah ich Posmantier zufällig aus einem Haus kommen. Er war leicht an seiner krummen Nase, die auch noch einen hohen Rücken hatte, zu erkennen. An der nächsten Haltestelle verließ ich sofort den Bus und lief eilends zurück, um ihn zu treffen. Wir begrüßten uns, und es war eine große Freude, da er sich auch noch an mich erinnern konnte. Er erzählte mir, dass er als Drucker arbeitete und nach dem Krieg illegal über Italien nach Israel eingereist war. In Jerusalem wohnte er schon seit 1947. Nach der Gründung des Staates, so erzählte er, hatte er unter anderem die ersten Briefmarken gedruckt.

Nach diesem Gespräch lief ein innerer Film bei mir ab und ich sah ihn wieder auf dem Tisch in der Lagerbaracke seine Späße treiben. Bis heute habe ich eine sehr lebendige Erinnerung an viele Einzelheiten und wundere mich immer noch, dass Posmantier es geschafft hat, auf diese Art und Weise zu überleben.

Rosen, der Blockälteste, bevorzugte mich wegen meiner Kontakte zum Lagerältesten. Er wusste von meinen Kontakten zu Nowak und dem Küchenchef. Einmal bat er mich, Schuhcreme für ihn zu besorgen. Da er genug zu Essen hatte, gab es für ihn eben andere Bedürfnisse, nämlich den Glanz polierter Stiefel. Von den Tschechen besorgte ich deshalb Schuhcreme für ihn.

Auf der Baustelle habe ich mich die ganze Zeit wohl gefühlt, da ich mit meinem Tauschhandel viele im Lager eigentlich unerreichbare Dinge ermöglichen konnte und durch diese Tätigkeit zudem von den Schrecken meines Daseins abgelenkt wurde. Jeder Tag war ausgefüllt mit Spekulationen über die Bewältigung der nächsten Transaktion.

Hautmann tröstete mich nach wie vor und redete mir gut zu. Er erzählte, dass die Russen die Front durchbrochen hätten und auf dem Vormarsch seien.

Eines Tages unternahm ein russischer Häftling einen Fluchtversuch. Dazu stieg er durch einen Kanaldeckel in einen Schacht und suchte einen Fluchtweg. Auf dem Appellplatz standen die Männer bis abends um elf Uhr. Keiner wusste warum. Man wartete natürlich auf den fehlenden Häftling. Als wir am nächsten Tag ins Lager einmarschierten, sahen wir seinen Leichnam auf einem schräg aufgestellten Brett. Der Körper war blutüberströmt und zerschunden. Über seinem Kopf war eine Tafel mit der Aufschrift „Ich bin wieder da" angebracht. Alle, die ins Lager kamen, erhielten den Befehl: „Mützen ab und Augen rechts!" Das war ein deutliches Zeichen der Abschreckung, das auch den kleinsten Gedanken an Flucht im Keim ersticken sollte.

Trotzdem flüchtete zwei Wochen später der Kommando-Kapo von „Speer", Jakob Österreicher, mit seinem Schreiber Heinrich Wiener. Eines Abends fehlten die beiden auf dem Appellplatz vor dem Lager. Da sie nie wieder auftauchten, musste man annehmen, dass ihnen die Flucht gelungen war. Der Hauptkapo hatte jeden Morgen und jeden Abend die ganze Truppe aus dem Lager heraus und wieder hinein geführt. Die Folge ihrer Flucht war, dass wir zwei Wochen lang zur Abschreckung strafexerzieren mussten.

Mitten in der Nacht überfielen zwanzig Mann die Baracken und schlugen mit Knüppeln wild und blindlings auf die Schlafenden ein. Manche schreckten auf und sprangen heraus. Die wurden dann erst recht geschlagen und schließlich auf die Pritschen zurück geworfen.

Man merkte, dass die Männer täglich schwächer wurden. Einige fielen ohnmächtig bei der Arbeit um, etliche andere hatten geschwollene Gesichter und aufgedunsene Beine, die vom Wasser so geschwollen waren, dass sie Mühe hatten, sie zum Gehen zu heben. Weil sie nicht mehr so beweglich waren, wurden sie von den Meistern der Firmen geschlagen. Zusätzlich wurden sie von der SS-Postenkette auch noch mit Gewehrkolben weitergestoßen.

Diejenigen, die nach der Arbeit nicht mehr auf dem Appellplatz stehen konnten, wurden ins Krankenrevier gebracht. Alle paar Tage kamen Lastwagen und Busse aus Groß-Rosen, um die Kranken und die Toten aus dem Revier abzutransportieren. Wohin? Sicher zur Vernichtung! Es gab drei jüdische Häftlinge, die Revierärzte waren. Der eine war Doktor Sternberg, der andere der schon erwähnte Doktor Gutentag und der dritte hieß Doktor Sabramny. Er war ein grausamer Mensch. Als der Krieg zu Ende ging, wusste er wohl, was er zu erwarten hatte und brachte sich um, bevor die Befreier kamen.

Gutentag stammte aus Krenau und von ihm war bekannt, dass er vor 1939 zum Katholizismus konvertiert war. Trotzdem wurde er von den Nazis nicht verschont. Sternberg stammte aus meinem Heimatort Auschwitz. Ich kannte seine ganze Familie. Von ihm wusste man im Lager, dass er nicht gerade hilfsbereit war. Ich erinnere mich an einen Fall, der das deutlich zum Ausdruck bringt. Ein gewisser David Karpf, der ebenfalls aus meinem Heimatort stammte, erzählte mir, David Teitelbaum – auch Auschwitzer – läge im Krankenrevier und man müsste ihm helfen. Er hatte den Körper voll Wasser. Es bestand akute Gefahr, dass er mit einem der nächsten Transporte abgeholt werden könnte. David Teitelbaum war der Fiaker aus Auschwitz, der mich als Bub oft und gerne mitgenommen hatte, mir dann die *Leitsen* der Pferde übergeben und mir damit besondere Freude bereitet hatte.

Ich ging zu Doktor Sternberg und bat ihn um die Verlegung von Teitelbaum in den so genannten „Schonungsblock 4". Dort hatten Erkrankte einen gewissen Aufschub, um sich wieder zu erholen, um dann weiterarbeiten zu können. Doktor Sternberg schnauzte mich an und lehnte Teitelbaums Verlegung rundheraus ab. Daraufhin wendete ich mich an den Lagerältesten Nowak, der auf meine direkte Bitte hin die Verlegung veranlasste.

Teitelbaum erholte sich und kam wieder an seinen Arbeitsplatz auf der Baustelle. Ich setzte mich mit seinem Kapo in Verbindung und bat ihn um

Schonung Teitelbaums bei der Arbeit. Ihn selbst wies ich an, jeden Mittag zu mir in die Baubude, die nicht weit entfernt von seiner Arbeit war, zu kommen. So gab ich ihm von dem Mittagessen, das ich zubereitet hatte, Suppe und zusätzliches Brot.

Als das Lager Fünfteichen aufgelöst wurde, verlor ich Teitelbaum aus den Augen, erfuhr nach dem Krieg aber, dass er überlebt hatte. Ich traf ihn dann zufällig Ende 1945 im DP-Lager Landsberg/Lech. Er rief sofort viele Leute zusammen und sagte: „Schaut, wer gekommen ist. Er hat mir das Leben gerettet!" Er erzählte in dem DP-Lager die ganze Geschichte. Zwei seiner Töchter, Sara und Jached, sowie sein Sohn Leibl waren am Leben geblieben. Die Töchter wanderten später mit dem Vater in die USA aus, der Sohn blieb in Kaufbeuren.

1951 habe ich in Tel Aviv Doktor Sternberg bei der Zentralbushaltestelle getroffen. Er erkannte mich sofort und bat mich auf der Stelle um Hilfe. Er wollte eine eidesstattliche Erklärung von mir, um seinen Beruf als Arzt wieder ausüben zu können. Man hatte ihm die Approbation entzogen, weil die ehemaligen Häftlinge, denen er vom Lager her noch in böser Erinnerung war, seine Zulassung verhindert hatten – sie hatten ihn nach dem Krieg für sein schäbiges Verhalten angezeigt. Von mir konnte er auch keine Hilfe erwarten, da mir der Fall Teitelbaum noch bestens in Erinnerung war. Ich sagte ihm, ich würde ihm zugunsten gewiss keine „Falschaussage" machen.

Die Flucht
Todesangst und Hoffung

Gegen Ende des Sommers 1944 hörte man schon oft Detonationen von in der Nähe einschlagenden Artilleriegranaten und Bomben. Es gab häufig Luftangriffe, und russische Truppen, so hörte man, seien auf dem Vormarsch. Die Reaktion der Nazis auf diese Entwicklung war die überstürzte Evakuierung von Fünfteichen.

Anfang November 1944 wurden beim Zählappell auf der Baustelle etwa 600 Häftlinge aussortiert. Auch ich war bei dieser Gruppe. Nachdem man uns in Busse verladen hatte, wurden wir nach Groß-Rosen gefahren. Dort brachte man uns als erstes in Quarantäne-Baracken unter. Unser Aufenthalt dauerte nur etwa drei Wochen. Die Nervosität der Lagerleitung und der SS-Männer blieb nicht unbemerkt. Auch hier hörte man den Kanonendonner und die Gerüchte vom Anmarsch der russischen Truppen.

Jetzt hörte auch meine Handelstätigkeit auf. Nur ein paar Goldmünzen waren noch in meinem Besitz, eingenäht in den Sträflingsanzug. Außerdem hatte ich noch einen Esslöffel aus Stahl, dessen Griff als Sägemesser präpariert war. Ich hatte ihn von einem Tschechen bekommen.

In Groß-Rosen fanden täglich mehrere Zählappelle statt. Die Kapos schlugen mit ihren Knüppeln einfach auf die Leute ein. Wir wurden aber nicht mehr zur Arbeit eingesetzt.

Aus allen möglichen Lagern kamen täglich neue Häftlinge an. Sie waren alle in einem extrem üblen Zustand, da sie lange Fußmärsche ohne Wasser und Nahrung hinter sich hatten. Sie waren teilweise so erschöpft und ausgemergelt, dass sie beim Zählappell einfach umfielen. Das war auch nicht verwunderlich, da unser Tag nur noch aus „Im Laufschritt antreten, im Laufschritt abtreten!" bestand.

Als ich diese Zustände sah, machte ich mir zunehmend Gedanken darüber, wie ich sie lebend überstehen könnte. Nach drei Wochen wurden ungefähr 2500 Häftlinge für einen Fußmarsch zusammengestellt und marschierten in Richtung Tschechei. Auch hier wurden wir von einer Postenkette aus SS-Männern begleitet, die nur die grausamste Behandlung pflegte: Wer nicht mehr laufen konnte, wurde auf der Stelle erschossen und in den Straßengraben geworfen.

Zwei der Ortschaften, durch die wir zogen, und an die ich mich erinnern kann, waren Parschnitz und Trautenau im Sudetenland. Die Bevölkerung dieser Dörfer hat uns beim Durchmarsch als Kriegsverbrecher beschimpft und bespuckt. Nachts mussten wir auf offenen Feldern und im Schnee unter strenger Bewachung rasten. Es gab kein warmes Essen, sondern nur einen Brocken trockenes Brot und kein Wasser. So mussten wir Schnee schlecken anstatt richtig zu trinken.

Etwa 30 Kilometer hinter Trautenau brachte man uns zu einem Güterbahnhof, wo man uns auf Viehwaggons verlud. In den Waggons war es so eng, dass einer zwischen den Beinen des nächsten sitzen musste. Man konnte weder aufstehen, noch sich bewegen. Jeder musste auch seine Notdurft in diesem Zustand verrichten.

Der Zug fuhr, aber keiner wusste, wohin. Manchmal gab es stundenlange Aufenthalte, weil Brücken und Gleise gesprengt worden waren. In Abständen öffnete man die Waggons, um die Toten auf den Bahnsteig zu legen. Jeden Tag wurden es mehr. Es gelang mir, durch die Bretter des Waggons ein Schild mit der Aufschrift „Nach Prag" zu lesen. Also konnten wir nicht weit von der tschechischen Hauptstadt entfernt sein. Immer mehr Männer in den Waggons starben.

Ich wollte nicht tatenlos in diesem Zustand verharren und so suchte ich mir einen Platz in der Nähe eines Waggonpuffers. Ich bohrte ein Loch zwischen die Bretter und fing an, mit dem Stiel meines Stahllöffels einen Durchschlupf genau über dem Puffer auszusägen. Auf den Waggons befanden sich kleine Häuschen, in denen die SS-Wache Aufsicht hielt. Also konnte ich nur während der Fahrt sägen.

Als der Durchschlupf fertig war, überlegte ich, wie und vor allem wann ich es am besten anstellen sollte, durch einen Sprung vom Waggon zu flüchten. Ich wartete so lange, bis der Zug mal wieder halten musste, aber nicht in einem Bahnhof, sondern auf offener Strecke. Dann wartete ich das Anfahren des Zuges ab, krabbelte durch das von mir gesägte Loch und stand auf dem Puffer. Ich hatte keine Schuhe, denn alle hatten sie bei der Enge im Waggon ausziehen müssen. So stand ich bei bitterer Kälte, nur mit ein paar Lappen um meine Füße, die ich bereits verstorbenen Mithäftlingen von der Kleidung abgerissen hatte, auf dem Eisenpuffer, bis der Absprung möglich war. Schließlich wagte ich es und landete in einem Schneegraben. Es fiel kein Schuss. Also war meine Flucht nicht bemerkt worden. Ich blieb so lange im Schnee liegen, bis sich der Zug entfernt hatte.

Ein Mithäftling, Pomeranz, wollte nach mir springen. Ob ihm die Flucht tatsächlich gelang, weiß ich bis heute nicht. Ich habe nie wieder etwas von ihm gehört. Ich befreite mich vom Schnee, kletterte eine steile Böschung hinauf und befand mich in einem Wald. Die Fußlappen gingen beim Hinaufkrabbeln an der Böschung verloren, so musste ich meinen Weg barfuss fortsetzen. Zwischen Zweigen und Laub ruhte ich mich für kurze Zeit aus.

Ich hatte keine Ahnung, in welche Richtung ich gehen sollte. Irgendwann sah ich ganz in der Ferne ein Licht und machte mich auf den Weg zu diesem Ziel. Es war ein Bauernhaus. Ich klopfte an, und ein paar ziemlich erstaunte und erschrockene Leute ließen mich ins Haus. Auf dem Weg durch den Wald und den Schnee hatte ich auch den Rest meiner Lappen verloren und kam barfuss am Bauernhaus an. Die Bauern gaben mir Gummigaloschen und ein paar Stofffetzen, mit denen ich die Füße einwickelte. Dann bekam ich etwas zu essen und heißen Tee. Die Bauern fragten mich aus und ich konnte ihnen in Tschechisch antworten, da ich auf der Baustelle ein wenig gelernt hatte. Ich erklärte, dass ich aus dem Konzentrationslager komme. In einer Ecke des Zimmers legten sie mir einen Strohsack auf den Boden und mit einer Wolldecke bedeckt schlief ich ein.

Gegen Mittag hörte ich ein Motorrad, das vor dem Haus anhielt. Zwei Landjäger, bekleidet mit Uniform und Brustschild kamen herein und befahlen mir: „Hände hoch!" Dann schoben sie mich aus dem Haus und ich musste in den Beiwagen des Motorrads einsteigen. Offensichtlich hatten die Bauersleute wegen meiner Anwesenheit Angst bekommen und die Kommandantur verständigt.

Die Landjäger brachten mich zur nächsten Polizeistation. Im Hof befanden sich vier Zellen, in eine davon wurde ich eingesperrt. Nach einiger Zeit holten sie mich wieder heraus und ließen mich Holz hacken. Der Hof der Polizeistation grenzte an eine Bäckerei, und jenseits des Zaunes waren Bretter angebracht, auf die die heißen Brote aus dem Backofen gelegt wurden!

Ich angelte mir ein frisch gebackenes Brot und aß es an Ort und Stelle auf. Der Bäcker sah mich, einen ausgehungerten Sträfling mit geschorenem Kopf, beim Holz hacken und reichte mir einen Topf mit heißer Kartoffelsuppe über den Zaun. Auch die Landjäger in der Station gaben mir Verpflegung. Zwei Tage lang hackte ich Holz und kehrte den Hof. Dann kam ein Kommandant, dem ich vorgeführt wurde. Dieser fragte mich, von wo ich käme und woher ich ursprünglich stammte.

Ich sagte ihm, dass ich bei einem Transport von Sträflingen zusammen mit den Toten auf den Bahnsteig gelegt wurde. Der Zug sei weitergefahren und ich wusste nicht wohin. Das Verhör wurde in verständnisvollem Ton geführt. Leider teilte mir der Kommandant mit, dass ich nicht hier bleiben könne und weitergemeldet werden müsste. Das beste sei es, so meinte er, wenn ich mich dem nächsten Häftlingstransport anschlösse. Er und ein weiterer Landjäger brachten mich mitten in der Nacht im Beiwagen des Motorrads zu einem Bahnhof und übergaben mich dem Transportführer. Der schrieb sich meine Häftlingsnummer auf und schob mich in den nächsten Waggon. Nun war ich also schon wieder in einem Transport auf dem Weg in irgendein Lager. Bei diesem Transport waren mir alle fremd. Ich musste mich ganz neu orientieren. Die Mehrzahl der Häftlinge waren ungarische Juden.

Schließlich kam ich mit noch etwa 3000 weiteren Häftlingen in Flossenbürg an. Die Entlausung war hier die erste Aktion, die anstand. Nackt mussten wir vor dem Bau, in dem geduscht wurde, warten. Die ausgezogene Kleidung wurde separat entlaust und desinfiziert. Als die erste Gruppe in die Dusche gehen sollte, hatten die Häftlinge große Angst, da sie nicht sicher waren, ob es nicht doch eine Gaskammer war. Man hatte ja gehört, dass es so ablief. Viele zitterten vor Angst und sprachen das Glaubensbekenntnis *Schma Israel*. Einige brachen in Tränen aus und jammerten laut, als sie in die Dusche gehen mussten.

Der ganze Platz war beherrscht von einer Atmosphäre der Todesangst. Mit Knüppelschlägen trieben die Kapos die Männer in die Duschräume. Je 100 Mann kamen gleichzeitig dran und so dauerte die Aktion den ganzen Tag. Erst stand man nackt unter freiem Himmel in der Kälte herum und nach der Dusche – es war wirklich eine gewesen – wieder nackt in der Kälte und wartete auf Kleidung.

Schließlich machten wir uns auf den Fußmarsch zu den Baracken, die auf einem Hügel lagen. Der Weg dorthin führte durch Morast, der so tief war, dass man kaum die Beine aus dem Dreck ziehen konnte. Vor der Baracke musste sich jeder gebückt auf einen Schemel stellen und der aus Wien stammende Blockälteste leuchtete einem mit der Taschenlampe in den After, um zu sehen, ob man nicht doch etwas versteckt hatte.

In der Baracke war es so eng, dass sich je zwei Leute eine Pritsche teilen mussten. Wir hielten uns tagelang nur in der Baracke auf, denn Arbeit gab es keine mehr, und das einzige, was wir taten, war das Antreten bei den gelegentlich stattfindenden Appellen.

Zu essen gab es täglich entweder einen Kanten Brot oder einen Teller Rübensuppe. Wenn ein Mann seinen Teller bei der Suppenausgabe schief hielt, dann schlug ihm der Blockälteste Wiener mit der Schöpfkelle auf den Kopf. Vielen ging es so schlecht, dass sie auf den Pritschen oder beim Appell starben. Nach zehn Tagen war nur noch die Hälfte von uns am Leben. Vom Hügel aus konnte man durch einen Zaun aus Stacheldraht ins Tal hinabsehen. Dort lagen massenweise Tote. Laufend kamen neue Transporte aus verschiedenen Lagern.

Anfang Januar trafen dann Häftlinge aus Fünfteichen ein, die ihren Weg über das Lager Groß-Rosen genommen hatten. Die Männer waren kaum noch zu erkennen, so erschöpft waren sie. Auch konnten sie kaum noch reden. Mein Blockältester Rosen aus Fünfteichen vom Block 28 war auch dabei. Er konnte mir noch erzählen, welche Strapazen sie hinter sich hatten. Als er eintraf, hatte man ihn noch nicht gefilzt und er wollte mir eine Sache zur Aufbewahrung zustecken. Ich lehnte ab, da ich wusste, dass er in Fünfteichen einer von denen gewesen war, die Filzungen durchgeführt und den Häftlingen Sachen weggenommen hatten. Ich wollte nichts mit ihm zu tun haben. Bei diesem Transport war auch ein Freund dabei, der zusammen mit mir in Fünfteichen bei Hell & Köhler gearbeitet hatte. Er hieß Leiser Jassny und ich teilte die Pritsche mit ihm.

Hinter den Baracken war ein längerer Graben ausgehoben worden, über den ein Balken gelegt war. Das war die Toilette. Wenn beim nächsten Appell welche fehlten, waren sie in diesen Graben gefallen. Man musste dann die Leichen aus der Kloake fischen und auf dem Appellplatz ablegen, damit die Anzahl stimmte.

Als man bei einem Zählappell zweitausend Häftlinge aus dem Lager nahm, um einen Transport zum Lager Dorra zusammenzustellen, war ich einer davon. Wir mussten uns vor dem Tor aufstellen, dann wurden die Hundertschaften abgezählt und man brachte uns zum Bahnhof, wo wir in Viehwaggons zum Abtransport ins Lager Dorra gesteckt wurden. Leiser Jassny war auf diesem Transport mit mir zusammen. Etwa 30 Kilometer vor dem Lager entlud man die Waggons und wir mussten die restliche Strecke zu Fuß gehen. Auf dem Marsch dorthin schlug die SS mit Gewehrkolben auf jene Häftlinge ein, die ihre Beine nicht mehr heben konnten und nur noch vor sich hinschlurften.

Dorra lag in einem Waldstück. Dort angekommen, absolvierten wir einen Zählappell vor dem Lagertor. Dann marschierten wir ins Lager ein, was von einer Lagerkapelle musikalisch untermalt wurde. Die Kapelle bestand aus Häftlingen, die aus dem Lager Auschwitz evakuiert worden waren. Auch dort hatten sie schon als Kapelle gespielt. Die Hauptstraße durch das Lager Dorra war breit und asphaltiert, wie eine Autobahn. Es gab nur wenige Baracken.

Die Häftlinge brachte man in Bunkern unter, die früher als Lager für V1-Waffen gedient hatten. Der Fußboden bestand nur aus Brettern. Es gab keine Bettgestelle und die Beleuchtung war sehr schwach. Hier übernachteten die Häftlinge.

Tagsüber arbeiteten wir in einem Steinbruch. In Dorra traf ich Häftlinge aus allen anderen Lagern wieder, vor allem evakuierte Gefangene aus Auschwitz, die mit Transporten und auf Fußmärschen hergekommen waren. Von ihnen erfuhr ich das ganze Ausmaß der Grausamkeiten, die sich in Auschwitz abspielten. Ich hörte von den Gaskammern und den Verbrennungsöfen und auch, dass Mädchen, die in den benachbarten Munitionsfabriken arbeiteten, in kleinen Mengen Sprengstoff auf dem Leib ins Lager schmuggelten, mit dem die Häftlinge, die bei den Öfen arbeiteten, durch Sprengungen die Krematorien aufrissen.

Drei Mädchen, die das Sprengmaterial ins Lager hineingeschmuggelt hatten, wurden gefoltert und anschließend an dem Weg, wo alle Häftlinge vorbeikamen, aufgehängt. Eins der Mädchen hieß Rosa Robote, sie stammte aus Zator, einem kleinen Städtchen fünfzehn Kilometer von Auschwitz entfernt.

Die Auschwitzer Häftlinge erzählten auch, dass die Lagerinsassen einen Aufstand gegen die SS-Bewacher organisiert hatten. Zwei Tage lang kämpften sie gegen die Schergen, bis die SS Verstärkung geholt hatte und den Aufstand niederschlagen konnte, mit dem die Häftlinge sich den Weg in die Freiheit bahnen wollten. Einige arbeiteten dort im Kommando „Kanada", das heißt, sie sortierten die Zivilkleidung der Häftlinge. Da häufig Wertgegenstände und Geld in die Kleidung eingenäht waren, das beim Sortieren herausgeschnitten wurde, konnte man durch diese Arbeit schnell „reich" werden, eben wie im „Gelobten Land" Kanada. Das Geld benutzte man, um sich bei den Kapos Vergünstigungen zu verschaffen.

Die neu angekommenen Häftlinge fragten mich aus, unter anderem auch nach meiner Herkunft. Als sie hörten, dass ich selber aus Auschwitz stammte, erzählten sie vom Revier-Kapo Silbiger, der im dortigen Lager sehr vielen Menschen geholfen hatte. Ich kannte seine ganze Familie. Sein jüngerer Bruder war mit mir im Lager Annaberg gewesen. Seine Mutter war in Auschwitz Ammenvermittlerin gewesen.

Ein weiterer Bekannter, der hier arbeitete und ebenfalls aus meiner Heimatstadt stammte, war ein Pole namens Dziubek, der die jiddische Sprache beherrschte, weil er früher in der Stadt Auschwitz immer bei den Juden geschnorrt hatte, um seinen Dauerrausch – er war Alkoholiker – zu finanzieren. Von ihm wusste man, dass er im Lager allen Häftlingen geholfen hat, wo immer es möglich war. Man war voll des Lobes über ihn.

Jeden Tag führte man uns zum Steinbruch, wo wir bei täglich geringer werdender Verpflegung Schwerstarbeit leisteten. Täglich blieben bei der Arbeit und im Bunker Tote liegen. Am Tag schleppten wir die Toten vom Steinbruch ins Lager und am Morgen aus den Bunkern, in denen wir übernachteten, zum Zählappell.

Die Lage war aussichtslos. Ich besprach mich mit Jassny, mit dem ich seit Flossenbürg wieder zusammen war. Wir kamen zu dem Ergebnis, dass wir schnellstens aus diesem Lager raus müssten, egal wie. In eine Fünferreihe eingeteilt, marschierte ich mit Jassny täglich gemeinsam zum Steinbruch und wieder retour.

Eines Abends, wir kamen gerade vom Steinbruch zurück, stand im Lager eine Kolonne Häftlinge, die für den Abmarsch bereit stand. Wir marschierten auf der rechten Straßenseite, während die zum Abmarsch bereite Kolonne in etwa vier Metern Entfernung von unserer stand. Spontan entschlossen wir uns, die Seite zu wechseln und liefen zur Ausmarschkolonne.

Da niemand unseren Wechsel bemerkte, gelangten wir kurze Zeit später mit unserer neuen Kolonne an einen kleinen Bahnhof, wo wir mal wieder „einwaggoniert" wurden. Wir wussten zwar nicht, wohin der Transport gehen würde, aber auf jeden Fall hatten wir Dorra erst einmal hinter uns, worüber wir sehr froh waren. Man merkte in dieser Zeit sehr deutlich, dass die Fronten immer näher rückten, denn man hörte Tag und Nacht Fliegeralarm. Eingesperrt in die Waggons waren wir natürlich dennoch macht- und hilflos.

Einige Tage später, es war inzwischen Mitte Februar, erreichten wir um Mitternacht den Bahnhof von Bergen. Die Häftlinge, die während des Transports gestorben waren, mussten auch ausgeladen werden. Sie wurden mitgezählt und dann von den Überlebenden zu Fuß nach Belsen mitgeschleppt. Es gab keine andere Möglichkeit mehr, die Toten zu transportieren, als sie hinter uns her zu schleifen. Jeweils zwei Häftlinge banden Stofffetzen, die sie von der Kleidung abgerissen hatten, an den Handgelenken der Leichen fest und zogen sie vom Bahnhof Bergen durch den Dreck bis ins Lager Belsen – mit dem Rest ihrer Kräfte.

Befreiung
Vom Leichenberg in die Freiheit

Vom Bahnhof Bergen waren es etwa zweieinhalb Kilometer bis zum Lager Belsen. Nach dem Fußmarsch mit den Toten waren wir völlig erschöpft und ausgehungert. Man hörte nur Jammern und Geschrei, denn die SS schlug immer noch unentwegt auf die ausgemergelten Gefangenen ein. Am Straßenrand las ich auf großen Tafeln: „Achtung! SS-Truppenübungsplatz – Betreten des Geländes strengstens verboten!"

Unterwegs machten wir mehrmals Halt, denn wir kamen auf dem aufgeweichten Boden mit den Leichen im Schlepptau nur mühsam vorwärts. Im Morgengrauen erreichten wir endlich das Lager und passierten das erste Tor. Hier erwarteten uns bewaffnete ungarische Soldaten in deutschen Uniformen. Ich konnte das an den hochgeschnürten Stiefeln erkennen, die typisch für die Ungarn waren. Auch identifizierte ich sofort ihre Sprache. 200 bis 300 Meter weiter marschierten wir durch das zweite Tor, an dem SS-Wachen standen. Es ging weiter in Richtung der letzten Baracken bis zum Lager III, in das wir dann einmarschierten.

Dann folgte der obligatorische Zählappell, der bis etwa um acht Uhr morgens andauerte. Die Schergen zählten die Toten, die in Fünferreihen neben den noch Lebenden aufgereiht wurden. Ihre Zahl erhöhte sich durch die auf dem Weg durch Entkräftung Gestorbenen. Wir Lebenden stellten uns ebenfalls in Fünferreihen auf. Die SS hatte das Lager III verlassen, und nur zwei SS-Männer standen am Toreingang zum Lager als Wache.

Der Zustand, in dem wir das Lager vorfanden, war schlimm. Die Baracken hatten keine Fenster, es gab keine Bettgestelle in den Räumen und auch keinen Fußboden mehr, sondern nur blanke Erde. Die Waschbaracke war ohne Wasser. Also wartete man darauf, dass es schneien würde, denn wir alle waren schon am Verdursten. Es fing an zu schneien und die Männer standen mit aufgerissenem Mund unter den Dächern, um herab tropfendes Wasser aufzufangen.

Gegen Mittag kamen etwa 40 Kapos und Schläger ins Lager und schlugen blindlings und wild auf die Männer ein. Sie gaben den Befehl, die an allen Plätzen herumliegenden Toten auf einen Haufen zusammenzutragen. Es gab immer noch kein Essen und nichts zu trinken. Am späten Nachmittag wurde ein von Häftlingen geschobener Lastwagenanhänger ins Lager gebracht, auf den man die Toten lud. Sie wurden zur Verbrennungsgrube gefahren, in der das Feuer Tag und Nacht ohne Unterbrechung brannte.

Bei Einbruch der Dunkelheit jagten die Kapos die Häftlinge mit Knüppeln in die Baracken. Keiner von uns wäre freiwillig in diese Drecklöcher hinein gegangen. In einiger Entfernung war eine Latrinengrube ausgehoben, über der sich ein Balken befand. Ich drückte mich zusammen mit Leiser Jassny in der Nähe der Latrine herum. Wir saßen auf dem Balken, nur um nicht mit den anderen in die Baracke gesperrt zu werden. Dort blieben wir auch die ganze Nacht bis zum Morgenappell.

Schon um vier Uhr in der Früh wurden die Häftlinge mit Trillerpfeifen und Schlägen aus den Baracken gejagt. Man schleppte wieder alle Toten zum Appellplatz. Um sechs Uhr musste diese Vorbereitung zum Appell abgeschlossen sein. Der Appell dauerte bis elf Uhr, wenn der Rapportführer kam, der den Appell abnahm. Die Männer standen in Pfützen und Dreck, und viele fielen vor Entkräftung tot um.

Nach dem Appell gab es endlich ein Stück Brot und einen Würfel Margarine, nach zweieinhalb Tagen das erste Essen. Nachmittags ging ich an dem Zaun entlang, der an Lager II angrenzte. Ich schaute hinüber und erkannte Max Holzer, einen Auschwitzer, der ein guter Bekannter meines Vaters war. Ich rief ihm zu, an den Zaun zu kommen. Er erkannte mich auch und sagte mir, ich solle mich in der Nähe aufhalten, da er Hermann Berger von meiner Anwesenheit berichten wollte. Er meinte: „Jossele, bleib da, der Hermann wird dich bestimmt herausholen!"

Hermann Berger war Kapo des Reinigungskommandos von Lager II. Auch er kannte mich von zu Hause, wo wir Schulfreunde gewesen waren. Nach einer guten halben Stunde kam Hermann mit einem Häftling, der eine Schubkarre mit Besen und Schaufel dabei hatte, ins Lager III hinein und sagte zu mir: „Hab keine Angst. Nimm die Schaufel in die Hand und komm mit." Der Wachposten öffnete problemlos, ohne nachzufragen, das Tor, und so brachte mich Hermann zu sich ins Lager II. Auf diese Weise gehörte ich automatisch seinem Reinigungskommando an. Aber auch hier herrschten die gleichen katastrophalen Verhältnisse wie in Lager III. Einzige Ausnahme: Eine Baracke war als Krankenrevier eingerichtet. Hier gab es wenigstens Stockbetten (Pritschen).

Die so genannte Kopfstube dieser Baracke diente der Reinigungstruppe als Unterkunft. Hier standen zehn Stockbetten, die ursprünglich für achtzehn

Mann vorgesehen waren. Hermann hatte jedoch mehr Männer als erlaubt in sein Kommando aufgenommen, wodurch er vielen geholfen hat, zu überleben. Ich erinnere mich an Bernhard Hornung, Abraham Blum, Jakob Wischnitzer, alles Auschwitzer – und alle überlebten sie mit der Hilfe Hermann Bergers.

Die Aufgabe des Reinigungskommandos war, ständig rund um die Baracken sauber zu machen. Man muss wissen, dass die Häftlinge sich nicht trauten, nachts zur Latrinengrube zu gehen, denn die Posten, die auf den Wachtürmen standen, schossen auf alles, was sich bewegte. So verrichteten die Häftlinge ihre Notdurft im Schutz der Barackenwände.

Die Männer vom Reinigungskommando mussten nicht zu den täglichen stundenlangen und quälenden Appellen antreten. Auch hatten sie eine bessere Verpflegung, denn Hermann Berger war den ganzen Tag unterwegs, um irgendwo zusätzliche Nahrungsmittel zu besorgen.

Im Lager II über der Straße war die Küche, in der eine Tschechin die Aufsicht hatte. Hermann hatte sich mit ihr gut gestellt und unter der Hand zusätzliches Essen bekommen. Einmal machte er mich mit Magda – so war ihr Name – bekannt. Dabei habe ich auch Sala Wolnerman getroffen, die ich ebenfalls aus meiner frühen Jugendzeit kannte.

Sala erzählte mir, dass Jenti Schwarzberg in der Entlausungsstation arbeitete. Jenti kannte ich auch aus frühester Jugend, denn meine Eltern waren mit der Familie Schwarzberg eng befreundet. Ich bin das Risiko eingegangen, den Unterscharführer anzusprechen und ihn zu bitten, dass er mich ins Frauenlager bringt. Er war einverstanden. Als „Reinigungskommando" benutzte ich eine Schubkarre mit Schaufel und Besen und begab mich in Begleitung des Unterscharführers ins Frauenlager. Mein Begleiter sagte mir, ich solle es kurz machen. Er drehte sich für fünf Minuten um und tat so, als höre und sähe er nichts, damit ich jemand rufen konnte.

Eine Häftlingsfrau kam zufällig aus der Entlausungsstation und ich rief ihr vom Zaun aus zu, sie solle die Jenti Schwarzberg rufen, damit sie zu mir an den Zaun käme. Jenti kam und ich fragte sie, seit wann sie im Lager sei. „Seit Juni 43!", antwortete sie. Damals war Jenti Schwarzberg erst sechzehn Jahre alt. Ich fragte sie, was sie über meine Familie wusste. Sie erklärte mir, dass meine Eltern gleichzeitig mit ihren Eltern nach Auschwitz deportiert worden waren. Vor Bergen-Belsen war Jenti im Lager Greben gewesen und hatte dort in einer Flachsfabrik gearbeitet. Jenti hat überlebt, und nach der Katastrophe haben wir geheiratet.

Sala Wolnerman und Jenti haben während der schweren Zeit wie Pech und Schwefel, oder besser gesagt, wie Mutter und Tochter zusammengehalten. Sala ist drei Jahre älter als Jenti und war ihr eine mütterliche Begleiterin. Die Freundschaft mit Sala, später verheiratete Weichman, ihrem Mann und ihrer ganzen Familie hält bis zum heutigen Tag an. Wenn wir uns in Israel aufhalten, gehört stets auch ein Besuch bei den Weichmans dazu.

Mit einer Armbinde, auf der die Aufschrift „Kapo Reinigungskommando" zu lesen war, konnte sich Hermann zwischen den verschiedenen Lagern bewegen. Es tat mir Leid um meinen Freund Jassny, mit dem ich schon seit dem Lager Markstadt zusammen war und der im Lager III geblieben war. So bat ich Hermann, meinen Freund dort herauszuholen.

Nach einigen Tagen holte er ihn auf dieselbe Weise zu uns herüber, wie mich. Hermann verpasste auch mir eine Armbinde mit dem Aufdruck „Reinigungskommando". So konnten wir uns die Arbeit teilen: Hermann ging organisieren und mir übertrug er die Aufsicht über die Mitarbeiter und die Verteilung der Essensrationen. Unsere Gruppe hatte auch die Aufgabe, täglich die vielen Toten wegzuschaffen. Manchmal waren bis zu 50 Männer damit beschäftigt, den mit Toten beladenen Lastwagenanhänger in Bewegung zu setzen.

Hermann hatte dafür gesorgt, dass „seine Leute" von den Schlägen der SS verschont blieben. Er hatte beim Lagerältesten ein Machtwort gesprochen. Der war ein deutscher Häftling, der viele Jahre in Zuchthäusern verbracht hatte. Zwei Wochen vor der Befreiung wurde er von Typhus befallen und starb.

Die vielen neuen Transporte, die täglich ankamen, überfüllten das Lager, so dass man ein Zeltlager errichten musste. Es kam ein Transport Frauen aus dem Lager Neusalz in Schlesien. Sie wurden in Zeltlagern untergebracht, die genau gegenüber der Grube standen, in der Tag und Nacht Leichen verbrannt wurden.

Als der Frauentransport an Lager II vorbeimarschierte, erkannte ich in den Reihen meine zwei Cousinen – sie waren Schwestern –, die früher in Krenau gewohnt hatten. Am Abend erzählte ich Hermann von meiner Entdeckung, und am nächsten Tag gingen wir beide sofort mit Reinigungsgeräten ausgestattet in das Frauenlager.

Ich sprach mit meinen Cousinen und der Lagerältesten, Mizzi Mehler vom Lager Neusalz, die sich unserem Gespräch angeschlossen hatte. Sie erzählten von den entsetzlichen Fußmärschen, die sie hinter sich hatten, bis sie schließlich hier ankamen. Mizzi war ein wahrer Engel. Man erzählte von ihr, dass sie ohne Ende geholfen hat.

Direkt an Lager II grenzte das „Sternlager" an. Man nannte es deshalb so, weil die Lagerinsassen noch Zivilkleidung mit aufgenähtem Judenstern trugen. Es waren ganze Familien, Männer, Frauen und Kinder, in diesem Lager interniert. Sie waren so genannte „Austauschjuden", die Pässe besaßen zum Zweck eines eventuellen Austauschs gegen Deutsche, die in feindlichen Ländern interniert waren. Wir nannten es daher Internierungslager mit Selbstverwaltung.

Die Leute stammten aus Griechenland, Polen, den Niederlanden, Frankreich, Jugoslawien, Albanien und sogar aus Afrika. Trotzdem waren die Pässe von südamerikanischen Staaten, von den USA und Palästina ausgestellt. Ich hielt mich tagsüber sehr oft am Zaun zum „Sternlager" auf und konnte mit einigen Insassen Kontakt aufnehmen.

Einer, mit dem ich mich täglich am Zaun traf, stammte aus Warschau. Wir liefen am Zaun entlang, damit unser Kontakt nicht auffiel. Er erzählte mir, dass viele Pässe von der Gestapo in deren Hauptquartier, dem Hotel „Europaesky" in Warschau, für viel Devisen ausgestellt worden waren. Die Leute hatten daran geglaubt, mit dieser Lösung ihr Leben zu retten.

Es war sehr regnerisch und schneite auch, so dass die Häftlinge durchgefroren waren. Sobald einer gestorben war, zog man ihm Kleidung und Schuhe aus, damit ein Überlebender eine zweite Garnitur überziehen konnte. So blieben fast alle Leichen nackt zum Abtransport liegen.

Lager I war hauptsächlich von russischen, ukrainischen und polnischen Häftlingen belegt. Von dort kam die entsetzliche Nachricht, dass hier Kannibalismus betrieben wurde.

Es herrschte Wassermangel und die einzige Möglichkeit, Wasser zu sich zu nehmen, bestand darin, Schnee zu essen oder abtropfendes Wasser zu trinken beziehungsweise die von den Dächern abgebrochenen Eiszapfen zu lutschen. Manche schlürften auch Wasser aus den Pfützen. Es wurde auch aus ungewaschenen Rüben Suppe gekocht und mitsamt dem Dreck an die Häftlinge verteilt.

Später stellte sich heraus, dass die Engländer die Wasserpumpstation, welche die Versorgung des Lagers gewährleistete, bei einem ihrer Bombenangriffe getroffen hatten. Es kamen täglich Transporte mit Häftlingen aus den Lagern im Osten, die wegen der näher rückenden Front aufgelöst wurden. Täglich starben massenweise Menschen an der Ruhr oder an Entkräftung. Die Neuankömmlinge waren praktisch nicht mehr ansprechbar – nur mehr glotzende Skelette, die außerstande waren, auf einem Appellplatz anzutreten.

Ab Mitte März überflogen englische Flugzeuge das Lager, was die schon zuvor unübersehbare Nervosität der SS-Männer und der Wachposten noch mehr verstärkte. Eines Tages fanden wir Flugblätter in verschiedenen Sprachen mit der frohen Botschaft, dass die deutschen Fronten zusammenbrachen, verbunden mit einem Appell zum Durchhalten, weil man unmittelbar vor der Befreiung stehe.

Anfang April wurde Hermann sehr krank, er hatte Typhus und lag mit hohem Fieber in der Kopfstube. Ich nahm den Strohsack, auf dem er gelegen hatte, heraus, denn er war mit Läusen und Flöhen übersät und legte ihn auf die blanken Holzbretter. Ich selbst war auch verlaust, mein ganzer Körper war zerbissen, und auf den Armen hatte ich Blutwunden. Hermann phantasierte im Fieberdelirium und ich musste ihm irgendwie helfen.

Ich ging zum „Warschauer" an den Zaun und sagte ihm, dass mein Freund, der mich gerettet hatte, dringend Medikamente brauchte. Und ich fragte nach einem Arzt in seinem Lager, der helfen könnte. Tatsächlich brachte er Stunden später Fieber senkende Medikamente, die er mir über den Zaun zuwarf. Ich flößte sie Hermann mit Schneewasser ein.

Nach acht Tagen zeigte sich eine Besserung. Er kam zu Bewusstsein und versuchte auf die Beine zu kommen, konnte aber noch nicht laufen. Danach besserte sich sein Zustand allerdings zusehends. Wenig später wurde das „Sternlager" geräumt. Ich sah, wie die Familien mit Handgepäck aus dem Lager herausmarschierten. Wohin sie gebracht wurden, und was mit ihnen geschah, davon habe ich keine Ahnung. Auf jeden Fall hatte ich noch genügend Tabletten, und Hermann war genesen und würde überleben.

Die SS ordnete an, dass die zu Bergen aufgehäuften Leichen entlang der Lagerstraße eine neben der anderen ausgelegt werden. Am 14. April wurde das Lager II zum Appell aufgerufen. Das kam mir ziemlich komisch vor, denn noch nie hatte ein Appell an einem Nachmittag stattgefunden. Ich ging nicht zum Appell, sondern legte mich vorsichtshalber an den Rand eines Leichenberges mit dem Gesicht zur Erde und wartete still und bewegungslos ab, was geschehen würde. Ich sah, dass die Leute vom Lager II mit einer Postenkette zum Haupttor gebracht wurden. Dann sah ich noch, dass mit weißen Mützen bekleidete Häftlinge die SS-Wachmannschaften auf den vier Wachtürmen ablösten.

Zu Bergen aufgehäufte tote Körper lagen im Lager. Am Rand eines solchen Berges hatte ich mich am Abend des 14. Aprils auf den Bauch gelegt und abgewartet, was die Nacht und der nächste Tag bringen würden. Das ganze Lager II war gespenstisch ruhig und auch ich rührte mich nicht vom Fleck. Hermann blieb in der Kopfbaracke auf seiner Pritsche liegen, er konnte nicht gehen. Ich blieb eine ganze Nacht lang dort bei den Leichen liegen. Es gab wenig Bewegung im Lager – bis zum Nachmittag des 15. April.

Dann fuhren englische Soldaten mit Panzern und Panzerwagen ins Lager ein. Sie stiegen aus und inspizierten das Lager. Die Panzer fuhren wieder aus dem Lager heraus, aber das Militär blieb im Lager. Die Soldaten suchten nach Überlebenden.

Bei der Befreiung am 15. April 1945 durch die britische Armee befanden sich im Lager Bergen-Belsen etwa 60000 Häftlinge, die in den letzten Tagen und Wochen durch Fußmärsche, so genannte Todesmärsche, und mit Zugtransporten in Viehwaggons dort eingetroffen waren. Es waren erschöpfte, entkräftete „lebende Leichen", die durch wochenlange Transporte ohne Verpflegung in halbtotem Zustand das Lager erreicht hatten.

Auch jetzt starben täglich noch Tausende an Entkräftung und den ausbrechenden Epidemien. Vom Tag der Befreiung am 15. April 1945 bis zum Juni 1945 starben rund 14000 Menschen, denen von den Ärzten der britischen Armee trotz sofort eingeleiteter Rettungsmaßnahmen nicht mehr geholfen werden konnte.

Nach Einfahrt der ersten britischen Militärfahrzeuge am Nachmittag des 15. April kamen zwei englische Soldaten in meine Richtung gelaufen. Und weil ich sicher war, dass sie keine Deutschen waren, stand ich vor ihren Augen von dem Leichenberg auf, wodurch sie sehr erschraken. Sie entkleideten mich und legten mich auf eine Feldbahre. Dann brachten sie mich zum Ambulanzwagen.

Die schlimmste Phase meines Lebens war endlich vorüber.

Neuanfang und Abschied

Ich stieg in das Krankenauto ein und es brachte mich zur Ambulanz, die sich in der ehemaligen SS-Kaserne unweit des Lagers befand. Hier war inzwischen eine Erste-Hilfe-Station eingerichtet worden. Ich bekam Tee und Zwieback und blieb etwa bis Mitternacht dort. Man nahm mir auch Blut ab, um es zu untersuchen.

Dann lud man mich auf einen Militärlastwagen, der nachts vorbei fuhr. In ihm befanden sich noch weitere Überlebende. Man brachte uns nach Celle und lieferte uns in einer ehemaligen Artilleriekaserne ab. Ich bekam ein Bett in einem Großraum zugewiesen. Am nächsten Tag hat man uns alle registriert und jeder wurde mit einer DP-Karte ausgestattet – endlich hatte ich wieder so etwas, wie einen Ausweis, nachdem ich jahrelang eine anonyme Nummer gewesen war.

Die ehemalige Artilleriekaserne füllte sich mehr und mehr mit Überlebenden verschiedener Nationen. Sie waren alle nicht mit Typhus infiziert. Ihre Versorgung wurde durch die UNRRA, eine UN-Hilfsorganisation für Flüchtlinge und Verschleppte, gewährleistet. Auf dem Gelände der Kaserne kampierten viele Leute, errichteten Feuerstellen, plünderten in den naheliegenden Dörfern, was zu bekommen war und kochten sich zwischen zwei Backsteinen eine Mahlzeit. Einmal war ich dabei, als man ein Schwein ins Lager brachte, um es zu schlachten. Man zündete die Strohsäcke ehemaliger Betten an und sengte damit die Schweinsborsten ab. Ich sah das zum ersten Mal in meinem Leben, und so ist es mir in lebendiger Erinnerung geblieben.

An den Toren gab es englische Wachen und ehemalige Häftlinge, die für diesen Bewachungsdienst herangezogen wurden. Beim Verlassen und Betreten des Lagers musste die DP-Karte vorgezeigt werden.

Nach etwa zehn Tagen machte ich einen Spaziergang in Celle und schaute mir auch die Umgebung der Stadt an. Ich befand mich gerade auf einer Brücke in Celle, als ich ohnmächtig zusammenbrach. Nach etlichen Tagen wachte ich in einem Krankenbett in einem englischen Militärkrankenhaus auf. Das Hospital hatte eine Abteilung für die Behandlung von DP-Personen. Meine Krankenpfleger erzählten mir, dass man mich auf der Straße aufgehoben und aufgrund meiner DP-Karte hierher gebracht hatte. Ich hatte schweren Durchfall, konnte nichts mehr essen, es muss die Ruhr oder der

Typhus gewesen sein. Die Krankheit schwächte mich so stark, dass ich mich weder aufrichten noch gehen konnte.

Nach etwa zwei Wochen besserte sich mein Zustand, und ich wollte nicht länger in dem Krankenhaus bleiben. Erst jetzt erklärte man mir, dass es eine Typhusinfektion gewesen war. Trotzdem ging ich zurück ins DP-Lager und kam jeden Tag zur ambulanten Behandlung ins Krankenhaus. Die Ambulanz verfügte über einen speziellen Eingang mit der Aufschrift „DP-Ambulanz".

Meine Knie bogen sich, trotzdem hielt ich mich mit aller Kraft auf den Beinen. Mein Körpergewicht war bei 43 bis 44 Kilo angelangt. Ich wollte nach Celle, verlief mich aber in einer Vorortssiedlung. Eine Frau sah, wie ich wankend, mich mühsam am Gartenzaun festhaltend daher kam. Sie sprach mich an, fragte mich nach meinem Befinden und bot mir eine Liege in ihrem Garten an, was ich dankend annahm.

Frau Schäfer, so hieß die hilfreiche Samariterin, erzählte ich meine Geschichte. Daraufhin bot mir das freundliche, ältere Ehepaar ein kleines Zimmer in ihrem Siedlungshaus als Unterkunft an. Auch dieses Angebot nahm ich dankend an, denn ich wollte aus dem DP-Lager heraus. Das Ehepaar Schäfer bemühte sich nach Kräften um mich. So erholte ich mich allmählich.

Dann hörte ich, dass das Lager Bergen-Belsen nur zwanzig Kilometer entfernt war. Die Frage, ob Familienangehörige oder Freunde von mir am Leben geblieben waren und vielleicht dort anzutreffen wären, ließ mir keine Ruhe. So lieh ich mir von den Schäfers ein Fahrrad, um nach Bergen-Belsen zu radeln. Es stellte sich heraus, dass meine Beine noch zu schwach zum Rad fahren waren. Also schob ich das Rad zeitweise, bergab ließ ich das Rad laufen und kam so in das Lager. Der Zugang war nur mit meiner DP-Karte möglich. Ich hielt mich zwei Tage im Lager auf und durchforstete in der Registratur systematisch alle Namenslisten. Ich fand meine zwei Cousinen, die aus dem Lager Neusalz hier hergekommen waren und die ich noch während der Haftzeit bei der Ankunft in Belsen getroffen hatte. Und ich fand auch Jenti Schwarzberg.

Ich fuhr zurück in mein Quartier bei den Schäfers, denn ich benötigte noch immer die ambulante Behandlung im Krankenhaus der Engländer. Bei einem der Behandlungsbesuche kam ein großer, stämmiger Arzt mit Vollbart zur Visite. Er unterhielt sich mit mir und fragte mich, ob ich jiddisch spreche und woher ich komme. Ich erbat mir von ihm Hilfe, um weitere Besuche im

Lager Bergen-Belsen machen zu können. Ich wollte nach weiteren Überlebenden suchen.

Er sorgte dafür, dass ich jederzeit zu ihm kommen konnte und ein Fahrzeug mich nach Bergen-Belsen brachte. Es stellte sich heraus, dass er der Chefarzt des Militärkrankenhauses war. Ich ließ mich mehrmals ins Lager fahren, besuchte meine Cousinen und Jenti und suchte darüber hinaus jedes Mal die aushängenden Namenslisten ab. Langsam kam ich wieder zu Kräften.

Eines Tages tauchte Jentis Bruder Leon Schwarzberg auf. Er war in Sankt Ottilien von der amerikanischen Armee befreit worden. Leon schlug vor, wir sollten alle in die amerikanische Zone überwechseln, denn es war bekannt, dass „Displaced Persons" von den Amerikanern weit besser behandelt wurden, als von den Engländern.

Meine Cousinen waren beide durch die Strapazen des Lagerlebens schwer krank geworden. Sie wurden mit einem Rot-Kreuz-Zug nach Schweden gebracht. Ich verabschiedete mich von ihnen, bevor sie auf ihren Liegen in den Zug geschoben wurden. Nach ihrer Genesung blieben sie in Malmö. Dies war eine Aktion von Graf Bernadotte, die er zur Heilung Überlebender initiiert hatte.

Jenti, ihr Bruder und ich beschlossen hingegen, in die amerikanische Zone überzuwechseln. Das geriet zu einer sehr umständlichen Aktion, da es keine direkte Zugverbindung gab. So waren wir eine Woche lang auf verschiedenen Zügen unterwegs, sogar auf einem Kohlenzug, bis wir endlich in Bamberg ankamen. Als wir den Kohlenzug verließen, regnete es, und uns liefen schwarze Streifen über das Gesicht.

In Bamberg gab es eine Herberge für DPs, in der wir zwei Nächte verbrachten. Ich erinnere mich noch an den Leiter der Herberge. Sein Name war Max Nebel, ein Oberschlesier. Er empfahl uns, am besten nach Fürth weiter zu reisen, denn vor der Nazizeit hatten dort viele Juden gewohnt.

In Fürth angekommen bekamen wir ein klägliches Zimmer bei einer Frau Neupert, einer alten, von Gicht geplagten Dame, zugewiesen. Das Zimmer war in der Würzburger Straße, gleich hinter der Max-Brücke. Ich bekam wieder Fieber und musste mich in ärztliche Behandlung begeben. Im städtischen Krankenhaus wurde ich untersucht, man diagnostizierte Tuberkulose. Die Ärzte empfahlen mir, nach Georgensgmünd in die Lungenheilstätte zu gehen. Ich wurde vom Chefarzt Doktor Ruprecht behandelt.

Da das Krankenhaus mit ehemaligen Wehrmachtsangehörigen überfüllt war, und ich Uniformen begreiflicherweise nicht mehr sehen konnte, behandelte mich Ruprecht sehr sorgfältig ambulant – und kostenlos. Im Spätsommer 1946 erfuhr Leon Schwarzberg, dass seine Frau überlebt hatte und sich in Schweden in Norrköping befand. Wir nahmen Kontakt zu Leons Frau auf und er bekam eine Einreiseerlaubnis für Schweden. Ich blieb mit seiner Schwester Jenti in Georgensgmünd. Im Mai 1947 heirateten wir.

Im Jahre 1987 nahm ich in Israel an einem Treffen Überlebender aus meiner Geburtsstadt teil. Ich war sehr gespannt, wen ich dort treffen würde. Unter anderem lief mir Jechiel Rossner über den Weg, er kam aus Malmö/Schweden zu diesem Treffen. Ursprünglich stammte er aus Jaworzno. Ich erzählte ihm, woher ich stammte und wer zu meiner Familie gehörte. Daraufhin berichtete er mir, dass er mit eigenen Augen gesehen hatte, wie mein Schwager Gustav Mazner, der Mann meiner ältesten Schwester, aus Verzweiflung in einen elektrischen Zaun gelaufen war. Im August 1943 hatten die Nazis die Familie meiner Schwester mit vier Kindern ins KZ Auschwitz deportiert. Bei der Selektion wurde Mazners Frau mit den Kindern sofort von ihm getrennt. Nach dieser Trennung hat Gustav Mazner die Nerven verloren. In dem Moment, als er in den elektrischen Zaun lief, wurde er vom Wachturm herunter erschossen.

Ich hatte mich sehr darauf gefreut, alte Bekannte und Überlebende zu treffen. Nach dieser Erzählung verlor ich aber alle Kraft und aus einem Freuden- wurde ein Trauertag.

Das Lager Bergen-Belsen haben zusammen mit mir Benno Hornung, Hermann Berger und Max Holzer überlebt. Dass mein Freund Leiser Jassny, mit dem ich einen langen Weg gemeinsam gegangen war, nur neun Tage vor der Befreiung gestorben ist, haben mir Max Holzer und Benno Hornung erzählt.

Holzer ist nach dem Krieg nach Polen zurückgereist, um nach seiner Familie zu suchen. Danach gab es kein Lebenszeichen mehr von ihm.

Benno hat nach all den Jahren noch das Abitur nachgemacht und in Erlangen ein Zahnmedizinstudium absolviert. Nach seiner Ausbildung hat er sich in Luzern in der Schweiz niedergelassen. Inzwischen lebt mein Freund Bernhard Hornung mit seiner Frau in Jerusalem. Bei Besuchen in Israel treffen wir uns.

Hermann Berger hatte sich in Amberg eine beachtliche Existenz aufgebaut. Mit ihm war ich viele Jahre in ständigem Kontakt. Wir tauschten über die Jahre immer wieder Erinnerungen an diese entsetzliche Zeit aus. Leider ist Hermann nach schwerer Krankheit und längerer Leidenszeit verstorben. Ehre seinem Andenken für sein mitfühlendes Verhalten, das in Bergen-Belsen viele Menschenleben gerettet hat!

Ende

Fußnoten:
1 C. Wolnerman et al. (Ed.): Auschwitz Memorial Book, Jerusalem 1977.
2 Jüdisches Pendant zur Konfirmation.

Persönlicher Nachruf auf einen guten Freund

In den letzten Tagen des Krieges, kurz bevor das Konzentrationslager Bergen-Belsen befreit wurde, hat Hermann Berger unter dem täglichen Einsatz seines Lebens viele Menschen gerettet, die ohne ihn wohl ermordet worden, an unbehandelten Krankheiten oder ganz einfach an Hunger gestorben wären. Von den Vielen, die Hermann ihr Leben verdanken, sind heute nur noch Doktor Benno Hornung (Jerusalem), Abraham Blum (Kanada) und ich übrig.

Auch nach dem Krieg war Hermann Berger weiter als Mäzen und Wohltäter aktiv, er half, die jüdischen Gemeinden in Amberg und in Erlangen aufzubauen.

Im Talmud steht geschrieben: „Wer ein Leben rettet, rettet die ganze Welt". Hermann Berger starb am 1. Juni 2001. Sein Angedenken wird in uns, die er vor dem Tode errettet hat und in unseren Kindern und Kindeskindern auf ewig fortbestehen. Er möge in Frieden ruhen.

Josef Jakubowicz

Die Familie von Josef Jakubowicz im Mai 1945

matrilinear

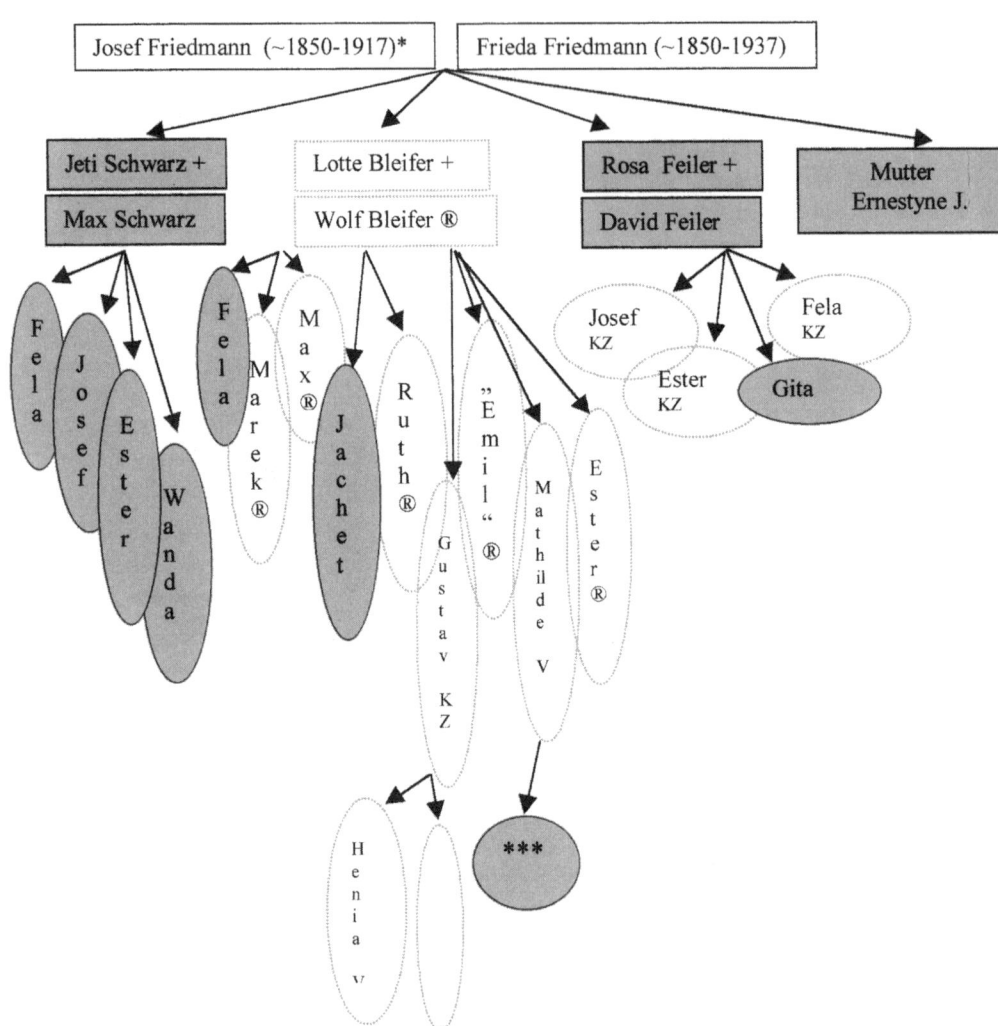

patrilinear

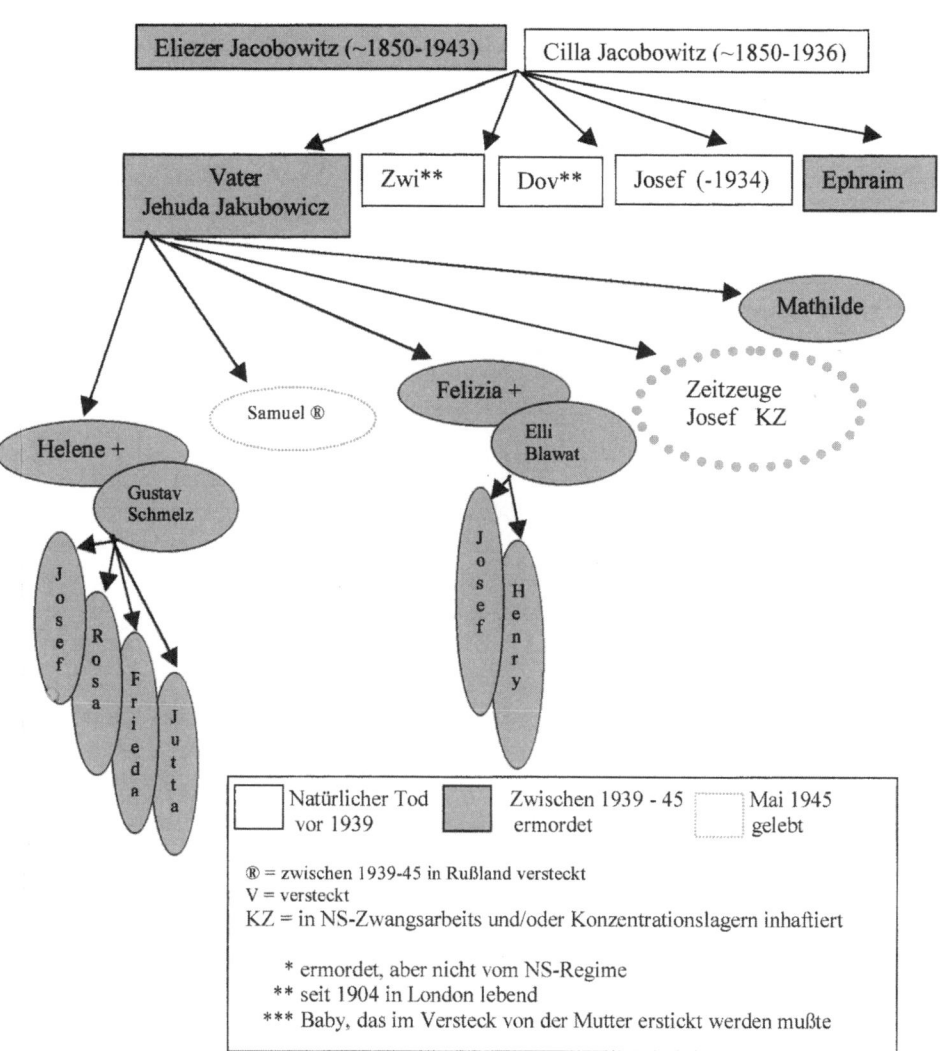

Eliezer Jacobowitz (~1850-1943) Cilla Jacobowitz (~1850-1936)

Vater Jehuda Jakubowicz · Zwi** · Dov** · Josef (-1934) · Ephraim

Mathilde

Samuel ®

Felizia +

Zeitzeuge Josef KZ

Helene +

Gustav Schmelz

Elli Blawat

Josef · Rosa · Frieda · Jutta

Josef · Henry

Natürlicher Tod vor 1939	Zwischen 1939 - 45 ermordet	Mai 1945 gelebt

® = zwischen 1939-45 in Rußland versteckt
V = versteckt
KZ = in NS-Zwangsarbeits und/oder Konzentrationslagern inhaftiert

* ermordet, aber nicht vom NS-Regime
** seit 1904 in London lebend
*** Baby, das im Versteck von der Mutter erstickt werden mußte

Auschwitz is also a city
ISBN 3-9809950-1-1   € 20,00

Thiemo Graf Verlag